教育部高校思想政治理论课教师研究专项一般项目"习近平新时代中国特色社会主义思想的世界观和方法论融入'马克思主义基本原理'课教学研究"（23JDSZK062）；"山东省习近平新时代中国特色社会主义思想研究中心党的十九届六中全会精神"专项课题"新时代中国特色社会主义制度理性研究"（22CZTJ06）；2023年度山东省文化和旅游研究课题"数字赋能山东黄河流域古村落保护与创新发展研究"（23WL(Y)138）；山东交通学院2024年本科教学改革资助项目"OBE理念下应用型院校'形势与政策'课程教学模式的创新研究与实践"（2024YB50）

# 新时代大学生培育和践行
# 社会主义核心价值观
## 理论与实践

谢菡菡◎著

图书在版编目（CIP）数据

新时代大学生培育和践行社会主义核心价值观理论与实践 / 谢菡菡著. —— 北京：知识产权出版社，2025.9. —— ISBN 978-7-5245-0005-6

Ⅰ. G641

中国国家版本馆 CIP 数据核字第 2025D6B149 号

责任编辑：王海霞　　　　　　　　　　责任校对：谷　洋
封面设计：臧　磊　　　　　　　　　　责任印制：孙婷婷

## 新时代大学生培育和践行社会主义核心价值观理论与实践
谢菡菡　著

| | | | |
|---|---|---|---|
| 出版发行： | 知识产权出版社有限责任公司 | 网　　址： | http://www.ipph.cn |
| 社　　址： | 北京市海淀区气象路50号院 | 邮　　编： | 100081 |
| 责编电话： | 010-82000860 转 8790 | 责编邮箱： | 93760636@qq.com |
| 发行电话： | 010-82000860 转 8101/8102 | 发行传真： | 010-82000893/82005070/82000270 |
| 印　　刷： | 北京中献拓方科技发展有限公司 | 经　　销： | 新华书店、各大网上书店及相关专业书店 |
| 开　　本： | 720mm×1000mm　1/16 | 印　　张： | 14.5 |
| 版　　次： | 2025年9月第1版 | 印　　次： | 2025年9月第1次印刷 |
| 字　　数： | 208千字 | 定　　价： | 76.00元 |

ISBN 978-7-5245-0005-6

出版权专有　侵权必究

如有印装质量问题，本社负责调换。

# 序　言

历史烛照现实，梦想引领未来。当前，中华民族伟大复兴进入关键阶段，教育是强国建设、民族复兴之基。"强国建设，教育何为"这一时代命题，已具体化为"时代新人培育，高校何为"的深刻实践。新时代大学生社会主义核心价值观的塑造，既是落实立德树人根本任务的灵魂工程，更是回应推进中国式现代化、实现民族复兴伟业的重要使命。这是一场需要政府、高校、家庭、社会协同发力的系统工程，唯有深刻把握新时代教育规律、人才培养规律，统筹多维关系，才能有效引领青年筑牢思想之基，让社会主义核心价值观成为引领青春远航的磅礴动力。

面对世界百年未有之大变局与多元文化思潮的碰撞，如何引导大学生将社会主义核心价值观内化于心、外化于行，培养能够担当民族复兴大任的时代新人，已成为新时代思想政治教育亟须深入探究的重要课题，要求我们准确把握四个方面的关系。

第一，要准确把握"时与势"的关系，准确研判高等教育新方位。高等教育领域正经历深刻变革，这既是挑战，也是培育社会主义核心价值观的战略机遇期。我们要敏锐捕捉时代脉搏，研判高等教育在新时代的历史定位，以全球化视野和历史纵深感，抢抓价值观教育的黄金机遇，将社会主义核心价值观教育融入时代发展潮流，使其在时代浪潮中扎根、生长，引导青年学子树立与时代同频共振的价值取向，努力成为堪当民族复兴重任的时代新人。

第二,要准确把握"远与近"的关系,搭建起通往理想的阶梯。培育堪当民族复兴重任的时代新人是一项长远的战略性目标,犹如指引我们前行的灯塔,照亮教育事业的航程。不积跬步,无以至千里。宏伟蓝图的实现,需要脚踏实地、循序渐进,要求我们将长远目标细化为阶段性任务、明确路径,从课程体系优化到教学方法革新,从校园文化营造到实践平台搭建,一步一个脚印,让长远目标在点滴积累中逐步实现。

第三,要准确把握"点与面"的关系,构建全环境立德树人体系。新时代的育人工作,需要我们构建起全方位、多层次、立体化的育人网络。要依托高校进行阵地建设,发挥教师言传身教的示范作用,扎实推进课程体系创新实践,以政府政策导向为指挥棒,合理配置资源,强化氛围营造,实现家庭育人理念革新。由点及面、协同发力,凝聚育人合力,构建全环境立德树人的教育网络。

第四,要正确把握"常与变"的关系,坚守教育的本质和规律。在价值观教育过程中,要传承和弘扬行之有效的教育理念和教育方法。同时,也要勇于突破陈规、与时俱进。根据时代发展和学生需求,推动管理模式与保障机制的持续迭代升级,将社会主义核心价值观深度融入"大思政"教育格局,使价值观教育既保持深厚的文化底蕴,又充满蓬勃的时代活力,始终焕发强大的生命力和感染力。

征途漫漫,惟有奋斗。新时代社会主义核心价值观的培育绝非朝夕之功,只有汇聚政府、高校、家庭、社会等各方力量,将社会主义核心价值观教育贯穿于教育教学全过程和学生成长成才各环节,形成协同育人的强大合力,持之以恒、久久为功,才能共同绘制青年价值成长的壮阔图景。当万千青春力量在社会主义核心价值观的引领下奔涌向前,中华民族伟大精神必将绽放穿越时空的光芒,照亮时代新人奔赴山海的无悔征途!

谢菡菡

2025 年 6 月

# 目录

**第一章 总论** ............................................. 1
1.1 价值观理论概述 ...................................... 1
1.2 新时代社会主义核心价值观概述 ................... 6
1.3 新时代大学生社会主义核心价值观培育的理论依据 ...... 13

**第二章 以社会主义核心价值观引领时代新人培育** ........ 21
2.1 时代新人的"三有"标准及其内在逻辑 ............... 21
2.2 新时代大学生社会主义核心价值观培育的重要意义 ...... 23
2.3 新时代大学生社会主义核心价值观培育面临的挑战 ...... 26
2.4 时代新人视域下青年大学生社会主义核心价值观培育路径 ............................................. 30

**第三章 新时代大学生培育和践行社会主义核心价值观分析** ...... 35
3.1 新时代大学生培育和践行社会主义核心价值观的现状探究 ............................................. 35
3.2 新时代大学生培育和践行社会主义核心价值观存在的问题 ............................................. 42
3.3 新时代大学生培育和践行社会主义核心价值观存在问题的原因分析 ................................... 48

3.4 新时代大学生培育和践行社会主义核心价值观的路径
探析 ································· 51

**第四章 高校层面的价值观分析** ····················· 65
4.1 从高校层面分析新时代大学生培育和践行社会主义核心
价值观现状 ····························· 65
4.2 从高校层面分析新时代大学生培育和践行社会主义核心
价值观存在的问题 ························· 71
4.3 从高校层面分析新时代大学生培育和践行社会主义核心
价值观存在问题的原因 ······················ 75
4.4 从高校层面探析新时代大学生培育和践行社会主义核心
价值观的路径 ··························· 79

**第五章 教师层面的价值观分析** ····················· 114
5.1 从教师层面分析新时代大学生培育和践行社会主义核心
价值观现状 ····························· 114
5.2 从教师层面分析新时代大学生培育和践行社会主义核心
价值观存在的问题 ························· 119
5.3 从教师层面分析新时代大学生培育和践行社会主义核心
价值观存在问题的原因 ······················ 127
5.4 从教师层面探析新时代大学生培育和践行社会主义核心
价值观的路径 ··························· 133

**第六章 课程层面的价值观分析** ····················· 142
6.1 从课程层面分析新时代大学生培育和践行社会主义核心
价值观现状 ····························· 142
6.2 从课程层面分析新时代大学生培育和践行社会主义核心
价值观存在的问题 ························· 147

6.3 从课程层面分析新时代大学生培育和践行社会主义核心
价值观存在问题的原因 …………………………………… 160

6.4 从课程层面探析新时代大学生培育和践行社会主义核心
价值观的路径 ……………………………………………… 168

**第七章 政府层面的价值观分析** ……………………………………… 181

7.1 从政府层面分析新时代大学生培育和践行社会主义核心
价值观现状 ………………………………………………… 181

7.2 从政府层面分析新时代大学生培育和践行社会主义核心
价值观存在的问题 ………………………………………… 186

7.3 从政府层面分析新时代大学生培育和践行社会主义核心
价值观存在问题的原因 …………………………………… 190

7.4 从政府层面探析新时代大学生培育和践行社会主义核心
价值观的路径 ……………………………………………… 193

**第八章 家庭层面的价值观分析** ……………………………………… 201

8.1 从家庭层面分析新时代大学生培育和践行社会主义核心
价值观现状 ………………………………………………… 202

8.2 从家庭层面分析新时代大学生培育和践行社会主义核心
价值观存在的问题 ………………………………………… 204

8.3 从家庭层面分析新时代大学生培育和践行社会主义核心
价值观存在问题的原因 …………………………………… 212

8.4 从家庭层面探析新时代大学生培育和践行社会主义核心
价值观的路径 ……………………………………………… 215

**参考文献** …………………………………………………………………… 219

# 第一章 总 论

习近平总书记指出："要着力加强对广大青年的政治引领。青年人有理想、敢担当、能吃苦、肯奋斗，中国青年才会有力量，党和国家事业发展才能充满希望。"❶ 中国式现代化新征程中，坚持用社会主义核心价值观引领培育时代新人具有重要意义。

## 1.1 价值观理论概述

### 1.1.1 价值及价值观的内涵

在着手分析和界定价值观的内涵之前，首先需要深入理解"价值"这一概念。尽管"价值"二字表面朴素，但其内涵极为深邃，随着语境与背景的变化，它所蕴含的意义亦呈现出多样性。在日常生活中，当我们提及价值时，通常是指主体对客体的性质、是否能满足主体的需求，以及其价值大小所作出的综合评价。此类评价多源于个人经验与主观感受，尚未形成统一且系统化的认知架构，故而不同个体对价值的认知与见解存在分歧。而在哲学领域，"价值"则被定义为一种特定的关系，它体现了社会中人的需求与事物自然属性之间的相互关系。当某种事物被认定为有价值时，意味着它满足了主体的某种需求，只有当这种"默契"的关系得以建立，价值

---

❶ 习近平. 激励新时代青年在中国式现代化建设中挺膺担当［J］. 求是，2025(9)：4-6.

才会真正地显现出来。

价值观，顾名思义，乃是对价值这一范畴的总体认知，它构成了人们对价值认知的三段论体系，囊括了对价值本质的探究、价值判断的准则和价值创造的路径。必须认识到，价值观并非无中生有，它虽然是一种无形且难以触摸的存在，却无时无刻不在影响着人们的行为和决策。人们在日常生活中不经意间作出的每一个选择，实际上都是在某种价值观的指导下进行的。

价值观是指导人们思想和行动的指南，其核心问题在于培养什么样的人。中国特色社会主义事业面向未来，需要一代又一代有志青年的接续奋斗。在教育中，应引导大学生积极响应党的号召，树立正确的世界观、人生观、价值观，永远热爱伟大的祖国、人民和中华民族；教育大学生坚定理想信念，增长知识本领，锤炼品德意志，矢志奋斗拼搏，在人生广阔的舞台上发挥聪明才智，尽展人生价值，让青春在为党和人民建功立业中焕发出绚丽的色彩。

作为社会意识的一种系统性观念集合，价值观并非无中生有，而是社会存在的直接映射。价值观是对一定时期或历史阶段社会经济、政治、文化等多方面现象的反映。它从纷繁复杂的社会现象中萃取精髓，提炼出指导行为的观念，再经由系统化和理论化的锤炼，构筑起一套完备的价值观体系。此外，人们通常所说的"价值观"与"价值观念"在日常语境中往往可以互换使用，没有严格的区分。正如马克思所言："观念的东西不外是移入人的头脑中改造过的物质的东西而已。"[1] 这表明，无论是价值观还是价值观念，本质上都是一种认识，是人脑对客观存在的能动反映。它们均以观念形态存在，是引领人们进行社会实践的总体指导思想。若要探究它们之间的细微差别，可以发现，价值观作为一种更高级别的形式存在，尽管价值观念在数量上可能更为丰富，但系统化、理论化的价值观却是独

---

[1] 马克思. 资本论：第一卷[M]. 中共中央马克思恩格斯列宁斯大林著作编译局，编译. 北京：人民出版社，2004：22.

一无二的。例如，社会主义核心价值观以"三个倡导"❶为基本内容，涵盖了国家、社会、公民三个层面的价值目标、价值取向和价值准则。它不仅代表整个社会总体的和概括性的价值观，而且在个体层面，通过"爱国、敬业、诚信、友善"等准则，指导着每个公民的行为和决策。人的思维中的诸多零散无序的价值观念，经由理论和系统地梳理与提升，终将汇聚成体系化的价值观。因此，价值观是人们在特定历史条件下，通过对社会上存在的经济、政治、文化等现象的反映，在人脑中形成的评判事物性质及价值、指导人们实践活动的思想观念体系。

## 1.1.2 价值观的特点

价值观属于意识的范畴，对于它的研究可以对标意识、社会意识等，它们之间具有相似的特点。

第一，价值观具有历史性与发展性，作为意识形态的一部分，它根植于物质世界，因而不可避免地映射出客观物质世界的变迁。当社会历史的某些条件发生改变时，价值观会自然而然地发生改变，价值观反映的是当时社会整体的风貌与精神。在革命时期，战争或者求得解放成为社会整体观念的主流；而进入新时代，和平与发展则成为社会整体观念的主流。从中可以看出，不同时代的价值观有着当时那个年代的特色，因此，脱离历史、否定社会发展而谈价值观是不可取的。价值观的每次交替与变更都会被打上时代的烙印，也会变成更高一级的层次，这符合唯物史观发展的基本规律。

第二，价值观具有主体性与选择性，它作为意识的存在，无法脱离其主体——人，而人是其物质载体，二者紧密相连，互为依存。同时，人们所持有的价值观并不完全一样，因此具有主体特色。作

---

❶ "三个倡导"即倡导富强、民主、文明、和谐，倡导自由、平等、公正、法治，倡导爱国、敬业、诚信、友善。

为有思想、会思考的主体，人的大脑具有自主加工信息的功能，因此，社会整体的价值观在作用于个体时会产生一定的变异，进而在指导行为时呈现出不同的行动模式。不同社会阶层持有各异的价值观，同样，校园内的大学生也会因个体、环境及交往关系的差异而形成不同的观念。选择性是指人们在选取是非价值评判标准时，是有所挑选的、有意识的。刚出生几个月的婴儿是没有价值观的，他的行为是本能地对大人的模仿；而在年龄增长和接受教育之后，他开始拥有自己的主观意识，会逐渐筛选自己认同的价值观念，从而形成自己的价值观。

第三，价值观具有相对稳定性，其一旦形成，便不会轻易改变。价值观是对一定历史时期客观现实的反映，当社会现实保持平衡或稳定状态时，价值观一般不会变化。例如，我国所倡导的社会主义核心价值观，虽然其内涵会不断丰富完善，但是总体的价值取向并不会改变。个人的价值观在幼年时因心理尚不成熟，因而还处于变动之中，但在经过长时间的实践和理论学习之后，个人的价值观将趋于成熟，保持在稳定状态。价值观的稳定性在个人行为的导向作用上尤为显著，其一旦成型，便深刻影响着个体的行为模式与决策轨迹。这种稳定性是维持社会秩序和个体行为预测性的基础，也是社会教育和文化传承的重要保障。

## 1.1.3 有效引导大学生树立正确的价值观

青年的价值取向与社会的发展息息相关，起着关键作用，要深刻把握青年大学生思想变化的方向，抓好这一特殊时期的价值观培育工作。从理论研究上分析大学生价值观很有必要。大学生价值观，乃这一独特群体对周遭事物评判的综合性视角与根本立场，作为一种观念形态，它深植于大学生心田，并通过大学生的实际行动得以彰显。

大学生作为社会上比较活跃的群体，其价值观备受关注，因为他们往往是社会思潮变化的感受器，在世界历史上的许多革命与运动中，大学生都是首先感知并付诸行动的群体。随着时代的发展，大学生价值观的内涵不断更新与充实，但从本质上来讲，大学生价值观有着相同或类似的组织构成，由价值取向、价值目标和价值评价组成。

在价值体系中，价值取向处于较为基础的层面，其易受外界影响，诸如亲友、师长之言传身教，皆能影响个体的价值取向。价值取向是一种总体性的信念，它会直接影响人们的工作态度和行为选择。价值目标被认为是行为的动力指引，它是大学生想要实现的最高目标，也是很多大学生努力奋斗的动力来源。

价值目标具有多样性，无论是宏大的民族复兴之梦，还是细微的个人学业成就，均对大学生具有不可或缺的导向作用。价值评价乃是基于个体内在标准对客体进行的评判活动，若客体价值高于标准，则采取行动；反之，则可能选择放弃。

价值评价可根据标准的变化而作出调整，在某一时间段被评价为不值得做的事，当条件变化后也可能会对之采取措施。因此，要认真把握好三者之间的统一关系，努力在认识规律的基础上树立正确的价值观。大学生价值观的发展多姿多彩，但因其身体、心理等尚未成熟，易受外界负面思潮侵扰，故价值观常显得复杂多变。尽管大学生群体总体秉持主流价值观，但仍有个别消极、腐朽观念存在，这源于他们在此阶段尚未构建稳固、系统的价值观体系，从而表现出一定的不稳定性。此外，拜金主义、享乐主义、历史虚无主义依然存在，加之大学生接收信息的渠道日益丰富，所以对这一群体的价值观把控难度较大。另外，需要注意的是，价值观的表现形式越来越多样化，其中，既有倡导美好人生需要不懈奋斗的人生价值观，也有强调忠于祖国、热爱人民、维护和平的政治价值观，还有倡导务实、绿色、节约、适度的现代消费价值观。这些形形色色的表现形式，无一不是价值观本质的外在显现。因此，我们需要具备透过纷繁复杂的现象洞察本质的能力，拨开迷雾，紧抓核心，从而有效引导大学生树立正确的价值观。

## 1.2 新时代社会主义核心价值观概述

### 1.2.1 新时代的理论阐释

经过长期努力，中国特色社会主义进入了新时代，须从各个维度研究新时代的变化，党的十九大报告将其总结为"三个意味着""五个是"。[1] 随着新时代的到来，中华民族在久经磨难后，终于实现了历史性飞跃。这不仅体现在经济的快速增长上，如国内生产总值（GDP）的显著提升，还表现为国力的全面增强，包括科学技术发展和教育进步等多个方面。

中国特色社会主义实践，为全世界树立了走向社会主义的典范，开创了符合中国国情的发展道路、理论体系、制度框架和文化形态，极大地增强了国人的民族自信心和自豪感，同时也为世界各国提供了解决发展难题的中国智慧和中国方案。"五个是"是对我国重大转变的重要概括，是具有深刻意义的现实审视。

第一，新时代是承前启后、继往开来、在新的历史条件下继续夺取中国特色社会主义伟大胜利的时代。从历史视角来看，中国共产党自成立之日起，始终保持着奋斗劲头，推翻了各种腐朽势力的压迫，建立了新中国，通过数十年如一日的努力，增强了综合国力，为国家发展提供了内生力。面对发展中的各种棘手难题，我国展现了大国的胸襟与担当，以实现从2035年到本世纪中叶把我国建成富强民主文明和谐美丽的社会主义现代化强国的宏伟目标为前进动力，续写新的时代华章。

第二，新时代是决胜全面建成小康社会、进而全面建成社会主义现代化强国的时代。从国家发展视角来看，新时代提出了未来国家发展所要实现的目标与阶段。自1979年提出"小康"目标以来，

---

[1] 习近平. 习近平著作选读：第二卷［M］. 北京：人民出版社，2023：9.

我国历经数十年的不懈努力，终于在近年实现了这一梦想。2025年全国两会将我国2025年GDP增长预期目标确定为5%左右。这反映了我国经济的稳健增长和持续向好的发展态势。在全体中华儿女的共同努力下，我们正不断向第二个百年奋斗目标奋勇前进，为实现我们的强国梦想奠定了坚实的基础。

第三，新时代是全国各族人民团结奋斗、不断创造美好生活、逐步实现全体人民共同富裕的时代。从全体人民的视角来看，新时代始终将人民利益放在最高位置，密切关注人民群众的利益诉求。我国自古以来就重视人民的发展，从革命时期的群众路线，到新中国成立后的医疗、教育等民生改善，再到如今的全过程人民民主实践，无不彰显着共产党人的博大胸怀，他们始终把人民放在心中最高位置，确保发展成果由人民共享，共同创造美好幸福生活。

第四，新时代是全体中华儿女勠力同心、奋力实现中华民族伟大复兴中国梦的时代。中国人民经历过资本主义列强的野蛮侵略，抵抗过封建主义、官僚资本主义的腐朽与软弱，体验到新中国的崭新生活，这种共同奋斗的记忆与万众一心的凝聚力还在延续，无论面对怎样的困难，都能共担时代重任，实现中华民族伟大复兴中国梦。

第五，新时代是我国日益走近世界舞台中央、不断为人类作出更大贡献的时代。从全世界视角来看，中国在各个领域始终践行人类命运共同体理念，为解决全球性问题贡献了中国智慧，已成为世界舞台上不可或缺且举足轻重的力量。

## 1.2.2 新时代大学生群体的时代担当

新时代大学生，以"00后"群体为主，展现出鲜明的时代特征：更加贴近实际、开放包容、自信自强、具有国际视野，他们是实现中华民族伟大复兴中国梦的积极奋斗者。作为新时代的大学生，应深刻理解中国梦的内涵，明确自身肩负的时代责任，将这份责任内化于心、外化于行，通过持续不断的实践探索，开辟圆梦之路，最终踏上实现中华民族伟大复兴的征程。回顾历史就能发现，新文化运动时期，大学生们高举民主与科学的旗帜，抨击旧思想；五四运动时期的青年学生不畏强权、据理力争，有着维护国家统一的爱国之心。新时代大学生应继续保持为实现中华民族伟大复兴中国梦而不懈奋斗的坚定理想，用马克思主义青年观武装头脑，坚持初心与使命，努力奋斗。在奋斗过程中，或许会出现个人与社会、国家利益相冲突的情况，此时要坚持用历史唯物主义的观点把个人与国家统一起来，将个人置于国家发展的长河中，使小我变成大我，做到生命不息，奋斗不止。

新时代大学生是中国第二个百年奋斗目标的践行者。时至今日，小康社会的美好愿景已全面实现，在此过程中，大学生群体发挥了举足轻重的作用，其贡献不可替代。面对如今复杂的形势，新时代大学生更应坚定信心，继续奋斗，努力为实现强国目标而奉献青春力量。新时代大学生应当在思想上坚定这一宏伟目标，将其作为自身行动的指南，深刻洞察世界发展的潮流，从国际博弈中汲取智慧，在把握历史规律的前提下，积极投身于现代化强国的伟大建设之中。新时代大学生是社会主义核心价值观的坚定信仰者、积极传播者和模范践行者，应把握时代发展的脉搏，立足社会现实，切忌好高骛远；要勇于实践探索，敢于开拓创新，以践行者的身份为荣，用科学理论武装头脑、指导实践，为实现第二个百年奋斗目标贡献自己的青春与智慧。

社会主义核心价值观涵盖国家、社会和个人三个层面，其不仅在司法实践中得到了广泛运用，在社会生活中也发挥着教育、评价、指引和示范功能，逐渐得到了人民群众的情感认同并转化为其行为自觉。立足当前的实际情况，我国物质不断丰富，经济实力不断增强，社会主义核心价值观起到了更大的支撑作用，引导着人们进行现代化建设。大学生作为国家未来建设的潜在力量，理应首先在思想上深刻认同社会主义核心价值观，进而将其内化于心、外化于行，通过日常生活中的点滴积极践行这一价值准则，确保社会主义核心观念渗透到生活的每一个角落，营造出人人崇尚、人人践行社会主义核心价值观的浓厚氛围。

### 1.2.3 社会主义核心价值观的内涵

中共中央办公厅印发的《关于培育和践行社会主义核心价值观的意见》指出，富强、民主、文明、和谐是国家层面的价值目标，自由、平等、公正、法治是社会层面的价值取向，爱国、敬业、诚信、友善是公民个人层面的价值准则，这24个字是社会主义核心价值观的基本内容，为培育和践行社会主义核心价值观提供了基本遵循。要紧紧围绕坚持和发展中国特色社会主义这一主题，紧紧围绕实现中华民族伟大复兴中国梦这一目标，使社会主义核心价值观融入人们的生产生活和精神世界。社会主义核心价值观是凝聚人心、汇聚民力的强大力量，是维系一个国家的精神纽带，是推动一个国家全面、和谐和有序发展的灵魂所在。社会主义核心价值观建设，说到底是人的思想建设、灵魂建设，是要着力造就担当民族复兴大任的时代新人。大学时代是价值观形成的关键时期，如何通过学习教育，使大学生准确掌握社会主义核心价值观的丰富内涵，深刻理解其核心要义，进而引导大学生扣好人生的第一粒扣子，是新时代高校一个重要的命题。

**1. 社会主义核心价值观的深刻内涵**

党的十八大报告明确提出了社会主义核心价值观，即倡导富强、民主、文明、和谐，倡导自由、平等、公正、法治，倡导爱国、敬业、诚信、友善，并强调积极培育和践行这些价值观。这些价值观不仅为描绘未来社会图景提供了精神层面的指引，也为个人精神层面的发展设定了新目标。它们分别代表了国家、社会和个人三个层面的核心价值目标、价值取向和价值准则，是新时代思想的崭新代表。

在任何社会中，均存在多样化的价值观念和取向。为了凝聚全社会的意志与力量，必须构建一套与经济基础和政治制度相适应、能够形成广泛社会共识的社会主义核心价值观。社会主义核心价值观在特定社会文化中扮演着核心角色，是决定文化性质和方向的最深层次要素，对于维护国家的稳定具有至关重要的作用。缺乏共同的社会主义核心价值观，民族和国家将失去精神的归宿和行动的指南。党的十八大报告对社会主义核心价值观进行了阐述，对社会主义核心价值观的基本内容进行了提炼，构成了重要的理论创新成果。"富强、民主、文明、和谐"作为我国社会主义现代化国家的建设目标，从价值目标层面凝练了社会主义核心价值观的基本理念，并在社会主义核心价值观中占据最高层次，对其他层次的价值理念具有引领作用。"自由、平等、公正、法治"是对理想社会状态的生动描述，从社会层面凝练了社会主义核心价值观的基本理念。它反映了中国特色社会主义的基本属性，是我们党长期坚持和实践的核心价值理念。"爱国、敬业、诚信、友善"作为公民基本道德规范，从个人行为层面凝练了社会主义核心价值观的基本理念。它涵盖了社会道德生活的各个领域，是公民必须遵守的基本道德准则，也是评价公民道德行为的基本价值标准。

首先，需要深刻把握社会主义核心价值观的内涵。"富强、民主、文明、和谐"是对国家发展提出的价值目标。近年来，我国GDP持续增长，2024年我国经济总量达到134.9万亿元，比上年增长5.0%，经济总量规模稳居全球第二，对世界经济增长的贡献率平均在30%左右。❶ 政治上，我国深化改革开放，推动民主法治建设；经济上，2024年服务业增加值占GDP的比重达到56.7%，科技创新成果显著，数字经济不断壮大；社会上，公民文明素质显著提升。同时，我国积极参与全球治理，推动构建人类命运共同体，为世界和平与发展作出了贡献。这是国家层面的宏伟愿景。"自由、平等、

---

❶ 去年我国经济总量首次超130万亿元，同比增长5%：经济社会发展主要目标任务顺利完成［EB/OL］．（2025-01-08）［2025-03-10］．https：//www.gov.cn/lianbo/bumen/202501/content_6999741.htm．

公正、法治"体现了社会主义核心价值观在社会层面的要求,它们不仅是社会主义社会的基本属性,也是我们党和国家长期奉行的核心价值理念。自由意味着每个人都能在社会中享有意志自由、存在和发展的自由,思想不受束缚,行为不受禁锢,达到自由而平衡的状态。平等强调的是公民在法律面前一律平等,要求尊重和保障人权,实现实质平等,让每个人都能平等地行使社会权利、履行社会义务、分享社会成果。公正体现了对社会公平正义的追求,是国家和社会应然的根本价值理念。法治作为治国理政的基本方式,全面依法治国是社会主义民主政治的基本要求,通过法治建设来维护和保障公民的根本利益。"爱国、敬业、诚信、友善"是公民道德行为的指导守则,对个人道德与价值观的树立提出了要求,这一层面所倡导的个人道德标准与社会主义道德要求高度契合,强调爱国守法、爱岗敬业、团结友善、勤劳守信,这些美德共同构成了新时代公民的道德基石。这些要求对时代新人提出了新期许,彰显了和谐有序的新景象。

**2. 社会主义核心价值观为新时代大学生价值观培育提供新框架和新范本**

社会主义核心价值观的提出,为新时代大学生价值观的培育提供了新框架和新范本,有助于将这些价值观转化为个人的行动指南,具有重要的现实意义。需要说明的是,这里探讨的是应然状态下的大学生价值观,进入新时代以来,世界形势与国家发展都有了新的变化,因此,在社会主义核心价值观的带动下,当代大学生要寻找新契机、挖掘新内涵、发现新内容。

在新时代,把社会主义核心价值观三个维度的要求转化为大学生的价值目标,对新时代大学生价值观培育有着重要意义。新时代大学生价值观的内容包括:

第一,从"民主""自由""平等""爱国"中见其政治价值观。大学生应矢志不渝地坚守对祖国的忠诚,恒久热爱自己的国家。同时，须树立牢固的平等意识，明确自身在政治生活中的主体地位，并积极发挥应有的作用。

第二，从"诚信""友善"中见其道德价值观。社会主义核心价值观为大学生树立良好的道德价值观提供了指引，让大学生的实际行为有章可循。诚信与友善的观念宛如沙漠中的甘泉，历经五千年华夏文明的洗礼，至今仍熠熠生辉，照亮人心。大学生在日常生活及与人交往中，应自觉树立诚信意识，铭记"人无信不立"的古训，以团结、友善为准则，规范自身道德行为，从而营造和谐融洽的人际关系。

第三，从"敬业"中见其职业价值观。大学生终将离开"象牙塔"，拥有正确的职业观念才能顺利地与社会接轨。因此，要保持敬业的态度，在选择职业时，避免"挑肥拣瘦"的现象，要对自己的选择抱有热爱和敬重。

第四，从"公正""法治"中见其法治价值观。法治是维护正常社会秩序、保障社会正常运行的"稳定器"。古代的商鞅、韩非子极其崇尚法治，"奉法者强则国强"（《韩非子·有度》），必须把全面依法治国摆到更加突出、更加重要的位置。大学生作为新时代青年，在全社会崇尚法治的氛围中，应坚守公平、正义的原则，以法治精神明辨是非，强化法治思维，践行法治规范，树立牢固的公平正义观。

新时代大学生价值观的特点体现为时代性和民族性。时代性彰显了我国当前发展的独特风貌，它是对经济发展与政治变迁的真实映照，也是对社会经济新挑战与新思潮的敏锐捕捉。民族性根植于中华民族深厚的历史积淀，它使中国区别于世界其他民族与国家。价值观的内涵汲取了中华优秀传统文化的精髓，蕴含着历史文化的血脉，彰显了民族的独特气质。中国人民的英勇奋斗、不屈不挠、自立自强的精神在新的时代有了新的表现，散发着新的光芒。

## 1.3 新时代大学生社会主义核心价值观培育的理论依据

### 1.3.1 社会主义核心价值观的研究意义和研究动态

**1. 本研究的理论价值和应用价值**

（1）理论价值

一是提出较为新颖的研究视角。目前，关于社会主义核心价值观的研究成果集中在性质、内涵、功能等传统领域，针对社会主义核心价值观青年情感认同机制构建和优化的研究不多，但这是当前实践中亟须提供理论指导之处。本书将价值引领与青年需求、课程思政相结合，以中国式现代化视域下当代青年的使命担当为出发点，深入剖析新时代大学生思想引领中存在的问题，着力探讨优化情感认同机制的路径。

二是提出较为新颖的学术观点。本书围绕中国式现代化进程大背景，以培养堪当民族复兴重任的时代新人为切入点，深入剖析社会主义核心价值观教育在价值、目标、内容和方法等方面存在的偏差。聚焦"三全育人"❶ 实践，提出有针对性、实效性的新时代大学生价值引领方案，促使高校思想政治教育更具科学性和实践操作性。

（2）应用价值

一是培养担当民族复兴大任的时代新人。习近平总书记指出，要"把培育和弘扬社会主义核心价值观作为凝魂聚气、强基固本的基础工程"❷。这就要求我们明确思想引领的时代意义和功能定位，

---

❶ 三全育人，即全员育人、全程育人、全方位育人。
❷ 习近平. 把培育和弘扬社会主义核心价值观作为凝魂聚气强基固本的基础工程[N]. 人民日报，2014-02-26（01）.

立足于中华优秀传统文化,培养新时代大学生的理想信念和使命担当。

二是提升高等教育的育人成效。探索以"课程思政"建设加强青年思想引领,坚持用习近平新时代中国特色社会主义思想铸魂育人,摒弃照本宣科式的宣讲,丰富教育的内容和创新形式,探索构建和优化社会主义核心价值观教育的日常化、具体化、形象化、生活化机制。

### 2. 国内外研究现状和趋势

(1) 国外价值观教育的研究现状

国外教育学家在价值观教育方面已经形成较为系统的理论思考。如美国的约翰·杜威、劳伦斯·科尔伯格、路易斯·拉思斯,英国的威尔逊,加拿大的克里夫·贝克等,形成了价值澄清理论、道德认知发展理论、价值分析理论、价值反思理论等。近年来,一些国外教育学者,如美国的托马斯·里克纳、英国的莫妮卡·泰勒等,出版了大量有关价值观教育的理论著作和研究报告。他们从哲学价值论角度展开研究,围绕价值观的框架与维度构建等方面探讨价值观教育历史,价值观教育实施与运行机制,民族、文化、宗教与价值观教育的关系等方面的内容。研究这些文献对于把握国外价值观教育的理论谱系、学术动态等具有一定的理论价值。

(2) 国内社会主义核心价值观的研究现状

一是关于社会主义核心价值观内涵的研究。刘建军和任超阳认为,应从"狭义"与"广义"两个方面对社会主义核心价值观进行释义,社会主义核心价值观名称上是广义,内涵上却是狭义,它特指中国特色社会主义核心价值观,即当代中国的核心价值观。也可以认为,广义上,社会主义核心价值观指的是"本真意义上的"中国特色社会主义核心价值观,它以"三个倡导"为代表,但又不限于这24个字的概括;狭义上,它指的是"宣传意义上的"中国特色社会主义核心价值观,即仅指24个字的"三个倡导"。❶ 吴潜涛认为,社会主义核心价值观是社会主义核心价值体系最深层的精神内核,是社会主义核心价值体系"理论大厦"的奠基石,也是社会主义核心价值体系建设的落脚点和归宿。❷

二是关于社会主义核心价值观思想来源的研究。戴木才认为,我国社会主义革命、建设,特别是改革开放的伟大实践,是培育社会主义核心价值观的"现实土壤";中华优秀传统文化和传统美德,是培育社会主义核心价值观的"重要源泉";人类文明发展的积极成果和价值共识,是培育社会主义核心价值观的"基础材料"。❸ 孙杰认为,社会主义核心价值观既是对中华优秀传统文化的继承与创新,也是对空想社会主义核心价值观的借鉴与发展,同时还是对资本主义核心价值观的批判和超越。它是世界文明和中华文化的统一,是历史继承和现代精神的统一,是历史逻辑和理论逻辑的统一,是实践探索和理论创新的统一。❹

三是关于高校青年对社会主义核心价值观认同的研究。许华娣认为,引导新时代大学生认同社会主义核心价值观有助于牢牢把握社会舆论工作领导权和主动权。❺ 左殿升和冯锡童认为,高校青年学生在社会主义核心价值观认知认同上总体向好,认同度较高,但存在理解不深、情感不高、阵地不牢、效度不足等问题。❻ 莫秋玲提出,新媒体时代给大学生带来了机遇与挑战,从理念转变、环境塑

---

❶ 刘建军,任超阳. 社会主义核心价值观的广义与狭义 [N]. 光明日报,2014-06-16 (04).

❷ 吴潜涛,本刊记者. 积极培育和践行社会主义核心价值观的若干问题:访清华大学高校德育研究中心副主任吴潜涛教授 [J]. 思想理论教育导刊,2014 (11):9-15.

❸ 戴木才. 培育社会主义核心价值观的"活水源头" [N]. 光明日报,2014-07-27 (06).

❹ 孙杰. 当代中国社会主义核心价值观研究 [D]. 北京:中共中央党校,2012.

❺ 许华娣. 新时代大学生社会主义核心价值观认同教育研究 [J]. 智库时代,2020 (10):115-116.

❻ 左殿升,冯锡童. 新时代大学生社会主义核心价值观认知认同实证研究:以全国30所高校为例 [J]. 思想教育研究,2019 (3):70-74.

造、方式创新、主客体媒介素养培育等方面探讨引导策略。❶

四是关于社会主义核心价值观与红色基因结合的研究。卞成林认为，从文化自信的视角看，红色基因与社会主义核心价值观为文化自信提供了精神支柱。❷ 袁秀认为，红色基因蕴含着崇高的理想信念、高尚的道德情操，在价值诉求与信仰信念方面与社会主义核心价值观高度契合。❸

五是关于社会主义核心价值观与培养担当民族复兴大任时代新人结合的研究。韩震、王临霞认为，社会主义核心价值观为培育时代新人确立了坚定的政治原则，树立了正确的价值导向，明晰了基本的道德规范。❹ 戴木才提出，以培养担当民族复兴大任的时代新人为着眼点，使社会主义核心价值观培育与践行更加入情入理、可亲可信、具体实在、深入人心，充满时代特点和生活气息。❺

六是关于社会主义核心价值观融入学校教育的研究。吴潜涛认为，立德树人，加强社会主义核心价值观教育，必须适应青少年身心特点和成长规律，优化教育的顶层设计，增强教育的科学性；必须构建大中小学德育课程之间的有效衔接，增强教育的系统性；必须创新大中小学德育课程教学，推进社会主义核心价值观进教材、进课堂、进学生头脑，增强教育的实效性。❻ 张志刚认为，针对中小学的社会主义核心价值观教育，要坚持"四个融入"，即将社会主义

---

❶ 莫秋玲. 新媒体时代大学生核心价值观认同引导对策 [J]. 社会科学家, 2017 (2): 129-132.

❷ 卞成林. 新时代传承红色基因坚定文化自信的思考 [J]. 中国高等教育, 2020 (8): 21-23.

❸ 袁秀. 红色文化与社会主义核心价值观的同向性思考 [J]. 治理现代化研究, 2019 (5): 71-78.

❹ 韩震, 王临霞. 以社会主义核心价值观培育时代新人的历史演进与现实路径 [J]. 东北师大学报 (哲学社会科学版), 2019 (3): 27-33.

❺ 戴木才. 培养担当民族复兴大任的时代新人: 党的十九大报告关于社会主义核心价值观的重要论述 [J]. 道德与文明, 2017 (6): 5-7.

❻ 吴潜涛. 社会主义核心价值观教育: 立德树人的必由之路 [N]. 北京日报, 2014-01-13 (06).

核心价值观教育融入课堂教学，发挥主渠道作用；融入文化建设，发挥文化育人作用；融入品德实践，发挥实践养成作用；融入管理服务，发挥服务育人作用。❶ 徐园媛等则认为，对于大学生社会主义核心价值观教育，要创新教学模式，增强实效；丰富团学活动，延展时空；依托高校"红色社团"，凸显主体；建设网络基地，开拓载体；打造校园文化，优化环境；开展社会实践，促进知行合一；注重教育效果，建立长效机制。❷

**3. 对社会主义核心价值观的研究趋势**

近年来，学界对高校青年培育和践行社会主义核心价值观的重要意义已经达成共识。当下的研究趋势集中在以下三个方面：一是研究视角的拓展。面对百年未有之大变局，当代青年责任和家国情怀的培育是一项重要课题。如何跳出传统学科研究思维，站在民族复兴大任的使命高度去研究当代青年价值观培育这一问题至关重要。二是研究内容的系统化。当前社会处于深刻转型中，坚持社会主义核心价值观内涵、路径对策的研究较多，但很多对策较为碎片化，研究缺少系统性。三是研究举措的有效性。在社会主义市场经济体制下，如何完善机制，让社会主义核心价值观充满生机和吸引力，唤醒人们沉睡的信仰坚守，需要学术界深入探索，提出有效的解决方案。

## 1.3.2 马克思主义经典作家的青年培育思想

马克思主义经典作家的青年培育思想，从马克思、恩格斯对青年群体社会维度的关注，到列宁基于俄国社会主义革命和建设情况

---

❶ 张志刚. 培育和践行社会主义核心价值观有效路径探析：以中小学为例 [J]. 集美大学学报, 2014, 15 (2): 79-82.

❷ 徐园媛, 谭自慧, 罗二鹏. 大学生社会主义核心价值观教育创新模式构建 [M]. 成都：西南交通大学出版社, 2014.

的青年观，再到斯大林的理论贡献，构成了一条完整的理论发展脉络。这些理论不仅为我国青年一代的发展提供了重要的理论支持，而且通过学习和实践，可以促进青年的全面发展，为培养当代青年马克思主义者提供了宝贵的借鉴。对新时代大学生社会主义核心价值观进行培育，必须准确把握这一思想的演变轨迹，并在深刻掌握理论逻辑的基础上，把它更好地运用于实践中。马克思、恩格斯关于培养青年的思想是在19世纪资本主义兴起的时候萌发的，当时资本主义的残酷剥削促发了人民的起义，而青年人则是试图打破资本主义恶性循环的先锋。这就使马克思、恩格斯抓住了青年"敢于奋斗"的特点，从而开始关注青年的动态。马克思、恩格斯对青年寄予厚望，他们积极倡导相关部门起用青年人，坚信青年人能够在各行各业中自由驰骋、发挥所长。19世纪60年代以后，马克思、恩格斯就青年问题进行了更多的探讨，这为青年的培养开辟了一条途径。马克思、恩格斯认为，要实现社会的价值，乃至实现人的全面发展，必须对社会现实状况进行深刻的分析，把握社会发展的趋势，为自我完善寻求机遇。

列宁关于青年培育的理念，大致内容为青年应形成具有革命性的价值观，他强调青年要在开展革命活动的过程中实现自我价值，从而树立起远大的理想，拥有终生奋斗的革命情怀。列宁还提到了青年的发展靠自身是难以实现的，还须借助组织的力量。因此，青年组织与党组织就成为青年运动顺利开展的政治保障。列宁把眼光放到了培育青年上，他认为应关注青年的学习，培育他们的综合素质，帮助他们找到学习的方法，以实现自主学习。列宁特别强调党的领导作用，他指出，"我们是未来的党，而未来是属于青年的。我们是革新者的党，而总是青年更乐于跟着革新者走。我们是跟腐朽的旧事物进行忘我斗争的党，而总是青年首先投身到忘我斗争中去。"[1]

---

[1] 列宁全集：第十四卷 [M]. 中共中央 马克思 恩格斯 列宁 斯大林 著作编译局，编译. 北京：人民出版社，1988：161.

他倡导青年的发展应与党的成长紧密相连，这一观点与新时代中国特色社会主义的主流思想不谋而合，旨在将青年培养成爱国、明智、乐于奉献、勇于为国家发展而英勇奋斗的接班人。

### 1.3.3 中华优秀传统文化中的育人理念

中华优秀传统文化不仅塑造了中华民族的价值观和社会结构，而且在现代社会中继续发挥着重要作用。它蕴含着仁、义、礼、智、信等核心理念，以及道家等学说流派的丰富思想，为新时代大学生价值观的培育提供了丰富的思想源泉。传统文化与价值观同属于意识形态的范畴，它们相互交织、渗透，彼此间汲取着营养。对此，针对新时代大学生社会主义核心价值观的培育，要大力挖掘中华优秀传统文化的丰厚资源，从传承与创新中滋养大学生的心灵，丰富大学生的文化底蕴。

习近平总书记强调："要认真汲取中华优秀传统文化的思想精华和道德精髓，大力弘扬以爱国主义为核心的民族精神和以改革创新为核心的时代精神，深入挖掘和阐发中华优秀传统文化讲仁爱、重民本、守诚信、崇正义、尚和合、求大同的时代价值，使中华优秀传统文化成为涵养社会主义核心价值观的重要源泉。"[1] 我国大学生价值观的培育，深深植根于中华优秀传统文化的沃土之中，传统文化在塑造价值观中的作用无可替代，其蕴含的育人智慧至今仍闪耀着的光芒。例如，儒家的"有教无类"倡导对平民和贵族进行一视同仁的教育，并针对不同的个体看到差异性，采用因材施教的教育方法，循序渐进地开展教育。

在培育政治价值观的过程中，首要任务在于激发和灌输深厚的爱国情感。胸怀天下是我国古代仁人志士的忠心所在，文天祥在报国之际发出感人肺腑的"留取丹心照汗青"的呐喊，给后人留下了精神上的触动，我们能够从"天下兴亡，匹夫有责"的呐喊中感到

---

[1] 习近平. 习近平谈治国理政：第一卷 [M]. 北京：外文出版社，2018：164.

震撼。当代大学生应深入学习这种令人佩服的爱国情怀,爱国情怀不仅要进头脑,还应在实际行动中加以践行。要注重忧患意识的培养,"居安思危,戒奢以俭"(魏征《谏太宗十思疏》),在安逸之中,我们更须警醒,铭记"不进则退,进慢亦退"《增广贤文》的古训,保持奋发进取的锐气,勇于探索创新,不断拓展认知边界。我们应秉承空谈误国、实干兴邦的精神,真抓实干,脚踏实地,将科学理念转化为实实在在的行动力量。

  在道德价值观的培育上,中华优秀传统文化为我们提供了丰富的思想资源,值得深入借鉴。我国长期以"礼仪之邦"闻名于世,重义轻利历来是我国人民的优良品德。孔子在两千多年前就提出了言而有信的观念,如今,人们在待人接物与日常言行中,也秉承着"一诺千金"的诚信精神。针对法治思维的培养,《唐律疏议》中的些许章节能够给人以启迪,"刑过不避大臣",说的就是任何人都不能蔑视法律的权威。这不仅能够培养缜密的法律思维,也能加深对公平正义观的滋养。这些中华传统文化中的精华对新时代大学生社会主义核心价值观培育有着至关重要的作用。面对复杂多变的国际形势,我们应立足于深厚的传统文化,借鉴宝贵的历史经验,深入挖掘这些思想观念中的价值精髓,并结合时代特征进行创新,致力于为新时代大学生社会主义核心价值观的培育贡献力量。

# 第二章 以社会主义核心价值观引领时代新人培育

党的二十大报告提出着力培养担当民族复兴大任的时代新人的重要要求，这为时代新人的培养锚定了基本方向。当前，在推进中国式现代化进程的大背景下，以培养时代新人为切入点，深入分析新时代大学生社会主义核心价值观培育所面临的多元化思想影响、市场经济逐利性影响、网络新媒体影响等一系列挑战，结合大学生的现实需求、代际特点，探索优化新时代大学生社会主义核心价值观培育的路径具有重要意义。

面对世界百年未有之大变局，培育具有家国情怀、使命担当的新时代大学生是一项重要课题。着力推进大学生培育和践行社会主义核心价值观是时代的任务，是为中国式现代化贡献能够挺膺担当的青春力量的重要保障。

## 2.1 时代新人的"三有"标准及其内在逻辑

"三有"时代新人是对"四有新人"的继承和发展，体现了我们党对青年一代的高度重视。"有理想、有本领、有担当"是时代新人的基本标准，时代新人要有远大的人生理想、高超的专业本领、勇担大任的责任感和使命感，这三个标准层层递进，分别从想不想、能不能、敢不敢的角度揭示了时代新人必备的素质，三者之间具有严密的内在逻辑和现实关联。

### 2.1.1 有为实现中国梦而努力奋斗的远大理想

时代新人要坚定自己的理想信念,树立伟大的社会理想和人生理想。新时代大学生要将个人梦想融入实现中华民族伟大复兴中国梦的事业中,艰苦奋斗、脚踏实地,贡献自己的力量。无论在什么时候,增强新时代大学生对中国特色社会主义现代化建设的信心,都是引导和支持时代新人为中国梦努力奋斗的强大支撑。

理想是支持时代新人强化本领的基础,而扎实的本领是实现担当的前提,时代新人应该将实现中华民族伟大复兴作为自己生命中的一部分,并且为之不懈奋斗。理想也是实际行动的指引,新时代大学生在心怀理想的同时,更要为实现理想而艰苦奋斗。而今,新时代大学生在实现远大理想的过程中,拥有更多的机会和可能性,多元化的发展空间使个人的特点和优势更能得到发挥。

### 2.1.2 有扎实的专业本领和创新能力

在有远大理想的基础上,时代新人要有扎实的专业本领,也就是专业知识和创新能力,它们可以帮助新时代大学生解决日常学习和生活中的实际问题。远大理想要付诸实际行动,就必须有扎实的专业素养、真正的本领,在专业上有所成就。时代新人是新一代的建设者和中坚力量,应当勇于突破常规,敢于创新,在突破自己舒适区的同时锻炼个人的能力和心智,磨砺自己的心性,通过不断实践与探索提升个人能力,努力成为社会主义现代化事业的合格建设者。创新能力强、思维多元化是新时代大学生的特点和优势,要坚持在实践中磨炼自己,在困境中学会求生存与谋发展,在创新中发挥自身优势,把创新与思辨作为现阶段的目标与准则,在真抓实干中成就自己的人生。

### 2.1.3 有勇于担当大任的责任感和使命感

时代新人要有坚定的责任感和使命感,在实现中华民族伟大复兴中国梦的指引下,应该有勇担大任的责任感,坚决捍卫国家主权,坚决维护国家利益。同时,要为时代新人勇担大任创造成长氛围,让其在学习中开阔视野、提升认知水平,坚定不移地肩负起时代赋予他们的使命和责任。大学生群体具有新时代的新思想,是推动社会发展和时代进步的强大新生力量。时代新人应通过努力不断完善自我,通过勤奋学习不断履行责任。青春时期是奋斗的时期,新时代大学生应该勇敢地抛弃虚荣心,走出"温室";应该有远大的梦想和社会理想,敢于面对困难,全心全意地作出实实在在的贡献;应通过奋斗的征程宣告自己是国家未来建设的中流砥柱,并贡献自己的青春力量,助力中华民族伟大复兴。

## 2.2 新时代大学生社会主义核心价值观培育的重要意义

国家的发展和民族的进步需要不断弘扬社会主义核心价值观,凝聚起推动发展的磅礴动力;个人的成长和发展同样需要将社会主义核心价值观内化于心、外化于行。

### 2.2.1 时代发展的需要

培养什么样的人是社会主义核心价值观培育中的重大问题。从本质上讲,培养什么样的价值观与培养什么样的人是内在统一的。培养担当民族复兴大任的时代新人,要求我们将"为国造福"的重任扛在肩上,将社会主义核心价值观融入大学生教育的全过程中。要紧贴新时代大学生的特点和时代要求,从社会主义核心价值观培育的主体、内容、方式、路径等方面进行改革创新,发挥育人实效。

从全面建成社会主义现代化强国新征程的维度看,我们要长期大力弘扬社会主义核心价值观。蓝图需要在实践中变为现实,培养担当民族复兴大任的时代新人,就要求我们将"为国造士"的重任扛在肩上，将社会主义核心价值观融入促进大学生成长和发展的方方面面，从点滴小事着手，从细节关爱着手，引领新时代大学生端正行为态度，树立积极、健康、向上的价值观念，引导其筑牢理想信念，在不断实现自我发展的同时，增强社会责任感，真正将个人的发展进步和祖国的前途命运结合起来，实现人生价值。

时代新人肩负着实现中华民族伟大复兴的责任和使命，社会主义核心价值观是为实现中国梦而制定的，它们具有共同的理想追求和价值目标，二者的统一是时代发展的需要，也是为了更好地促进国家的繁荣和社会的进步。一方面，时代的发展和社会的进步是青年一代的责任和使命，需要以广大青年为代表的时代新人持续努力，接续奋进。因此，时代新人要以时代和社会赋予的责任与使命为依托，努力奋斗，赓续前辈的红色精神，最终实现自身价值和时代所托。青年一代是幸福的，他们有着广阔的空间和舞台去施展自己的才华与抱负。时代发展的关键因素就是培养一代又一代有理想、有本领、有担当的接班人，使他们为实现国家的繁荣和社会的进步作出自己的贡献。另一方面，培育和践行社会主义核心价值观是时代发展的需要。培育和践行社会主义核心价值观的根本目的在于推进全面建成社会主义现代化强国的宏图伟业，将中华民族伟大复兴的中国梦变为现实。为实现中华民族伟大复兴中国梦，青年一代必须牢固树立正确的价值观，巩固社会主义核心价值观在意识形态领域的指导地位。因此，以中华民族伟大复兴的共同目标为契合点是时代发展的需要，两者有着同样的目标和追求，具有融合的必然性。

## 2.2.2 个人成长的需要

从新时代大学生实现全面发展的维度看，需要增强社会主义核心价值观对青年大学生认识世界、感悟社会、约束自我等方面的导向作用。随着时代的发展，社会对人才的要求越来越高，不再仅仅局限于拥有较高的知识水平，具有丰富的科学知识、较高的能力水平、优良的道德素质、深厚的文化底蕴的大学生将拥有更多的发展机会。这就要求新时代的高校教育者与时俱进，善于根据社会发展状况和人才需求情况，采取合理的措施，帮助大学生树立正确的价值观，促进其全面成长、成才。

一个人的成长宛如船只在海洋中航行，需要灯塔为其指明方向，而社会主义核心价值观就像灯塔，指引着青年正确地把握人生的航向，直达正确的彼岸。社会主义核心价值观中的爱国、敬业、诚信、友善很好地概括了一个人成长、成才过程中必备的素质。爱国是第一位的，敬业、诚信、友善都是为人处世中最基本也最重要的原则，有了它们才能更好地与他人相处，更好地实现自己的梦想，助力个人成长。

### 2.2.3 思想政治教育发展的需要

从构建思想政治教育科学育人体系的维度看，需要将社会主义核心价值观融入思想政治教育的生态体系中，丰富思想政治教育的科学内涵，提升教育的实效性。青年时期是三观形成的关键时期，这一时期高校思想政治工作的重要性不言而喻。科学有效的思想政治工作要以构建"三全育人"的格局为着力点，不断加强教育的感染力和实效性。其中，把握好社会主义核心价值观对大学生思想的引领作用就显得尤为重要。

思想政治教育是一门不断发展的学科，为了推进其学科生态体系构建，需要在实践中不断丰富其科学内涵。将社会主义核心价值观融入大学生思政教育全过程，丰富理论基础和实践要求，拓展教育载体和表现形式，有助于提升育人工作的精准度和指向性。社会主义核心价值观融入思想政治教育的生态体系，有助于推进形成"三全育人"的思政教育格局。青年正处在思想走向成熟的关键阶段，要想做好思想政治教育工作，就要真正将健康、正确的主流价值观植入青年内心深处。

社会主义核心价值观是青年一代凝心聚力的强大内在支撑，可以充分调动个人同时代共同成长与发展的积极性和创新力。社会主义核心价值观是全国各族人民共同的价值观念，为青年一代思想政治教育工作、助力时代进步提供价值指引，从而更好地助力青年一代成长、成才。时代新人是新时代全面建成社会主义现代化强国的强有力的新生力量，面对国际环境复杂多变、国际竞争愈发激烈的情况，时代新人必须构筑起坚定的历史信念和强大的责任感、使命感。从这个意义上说，社会主义核心价值观为培育时代新人提供了根本的价值遵循，为时代新人的培育提供了强有力的内在支撑和价值导向，为时代新人的成长、成才提供了基本的意识形态要求和"三有"标准，为时代新人提供了磨砺心志、锤炼品格与勇担大任的行为规范。社会主义核心价值观为青年的成长、成才夯实了价值基础，为其发展确立了价值导向。总之，时代新人的思想政治教育在很大程度上取决于社会主义核心价值观的引领，它是时代新人的精神支柱，社会主义核心价值观的培育和践行，有利于促进大学生思想政治教育体系建设和全面发展。

## 2.3 新时代大学生社会主义核心价值观培育面临的挑战

当前，我国正处在构建以国内大循环为主体、国内国际双循环相互促进的新发展格局的阶段。在此背景下，思想文化领域的交融、交锋日益激烈。社会思想观念和价值取向日趋活跃，主流和非主流思想并存，先进的和落后的思想相互交织，社会思潮纷纭激荡。

### 2.3.1 当代青年大学生价值观培育内蕴的潜在风险

当代青年大学生的主体为"90后""00后"，他们出生和成长在我国经济快速发展、社会面貌日新月异的阶段。整体上，当代大学生群体有着较为相似的成长环境，他们普遍接受过良好的教育，有着较为丰富的知识和宽广的视野。他们是平视世界的一代，也是文化自信的一代。与此同时，青年大学生大多容易接受社会上的新思想、新理念，对个别社会问题的认识富有理想主义色彩。在社会矛盾激化和利益错综复杂的时候，正处于成长中的青年大学生更容易受到多元思想的影响，其中不乏负面或者落后思想的影响。例如，持有"精致的利己主义"思想的青年大学生过分强调个人尺度，忽略社会尺度，注重现实功利需求。又如，一些青年大学生持有个人主义思想，强调个人自主性，忽略社会整体利益，反对为了全社会利益而牺牲个人利益，反对公认的社会道德标准。还有个别青年大学生陷入历史虚无主义的思维沟壑中，拒绝接受主流价值观，把对事物的认知重点放在表面现象上，忽视本质问题，偏离了历史发展的整体脉络。

### 2.3.2 市场经济逐利性的影响

市场经济是一把双刃剑。从一定程度上而言，市场经济促进了价值观念的更新换代，强烈地冲击了等级特权、封闭保守的传统落后价值观念。与此同时，市场经济也带来了许多不良影响，尤其是对人们的道德观念和价值取向具有一定的负面消极作用。例如，在市场经济条件下，一些人把重利轻义作为个人的人生哲学信条，一味追求物质利益的高额回报，把预期利益视为一切行为的杠杆，过多地关注物质的满足，被短期的物质上的享受遮蔽了双眼，选择性地忽视了"爱岗""敬业""诚信""友善"等社会价值尺度，漠视了精神的需求和道义的坚守。

### 2.3.3 网络新媒体带来的现实挑战

网络新媒体已成为当代大学生日常生活中接触频率最高、接受程度最深、对青年大学生影响最大的信息来源渠道。以网络短视频为例，作为移动化、碎片式的媒介传播载体，受众借助它可以迅速地置身于不同的时空场域和环境中并获取相关的信息。网络短视频媒介文本中的意识形态隐喻，在潜移默化中重塑着人们的价值取向。可以说，网络短视频为培育青年大学生社会主义核心价值观带来了新的机遇。但是，不可否认的是，良莠不齐的短视频内容也在不断解构、冲击着主流价值观念。例如，一些不良的思想观念借助网络短视频渠道，以某种"包装"为后现代价值观的新形式"改头换面"，渐进式地侵蚀着部分青年大学生的思想。

### 2.3.4 多元文化对青年大学生价值观产生影响

当今世界，纷繁的国际形势和错综复杂的国际关系以及不同国家和地区的文化在经济全球化背景下相互影响，形成了百花齐放的文化氛围。首先，当今是信息化时代，在经济与文化全球化背景下，不同国家和地区之间的文化交流也在逐渐增多，西方文化涌入中国，其中的不良思想会削弱部分青年大学生对民族精神文化的认同感，这对青年大学生的身心成长和行为习惯的养成都造成了冲击。其次，西方文化借助各类文创或者电子产品，以缓慢渗透的方式影响青年大学生的思想和行为，部分西方文化吹捧享乐主义、拜金主义、极端个人主义、历史虚无主义等有害价值思想，对社会主义核心价值观的培育构成了阻力。最后，青年大学生处于个人成长的关键时期，其价值观念与思想认知尚处于发展变化阶段，存在思想易受外界影响、辨别是非能力欠缺等情况，容易被涌入的西方文化所影响，进而形成不正确的思想价值观念和行为习惯。

#### 1. 个人主义

个人主义是一种一切以个人意志、个人利益为出发点，把个人意志和利益放在第一位的思想观念和价值体系。个人主义强调个人自由与重要性，构成了西方主流政治哲学和社会哲学的基石。它主张个人有权为自身利益进入社会，甚至认为无须过多地考量社会整体利益，坚决反对以牺牲个人利益为代价来成全社会利益。这种个人至上的价值取向与我国大学生思想政治工作倡导的集体主义精神背道而驰，个人主义的蔓延将影响高校青年大学生思想政治工作的实效。

## 2. 功利主义

功利主义主张人类行为的唯一目的是求得幸福，行动的理由与做法不作为判断人类行为的标准。功利主义的核心在于趋利避害、追求快乐而规避痛苦。作为伦理哲学的重要流派，功利主义影响深远，对大学生思想政治工作具有负面影响。功利主义过度强调个人尺度，忽略社会尺度，其"最大幸福原则"会导致部分大学生产生个人主义思想。目前，在青年群体中比较有市场的"精致的利己主义"就是由此产生的一种变形。

## 3. 消费主义

消费主义是一种将崇尚和追求过度占有和消费作为满足自我和人生目标的价值取向，它倡导一种以财富多寡来衡量个人地位和社会阶层的生活方式与价值观。消费主义的基本思想是，消费就是人生的目的，生活的意义在于消费的炫、奢、奇。消费主义本质上就是拜金主义、极端个人主义和享乐主义的集合。消费主义思想的蔓延对部分大学生价值取向的不利影响不容忽视，例如，近年来在高校发生的"套路贷"就是消费主义侵蚀当代大学生的佐证。

## 4. 历史虚无主义

历史虚无主义是一种极端的思维方式，它拒绝接受主流的观点，只接受支流的观点，把重点放在表面现象上，忽视了事物的本质，从而偏离了历史的整体发展脉络。这种思维方式的根源在于以理论假设来取代历史的客观事实。所谓"重新评价""还原历史""价值中立""大胆探索与想象的精神"标志着一种新的历史虚无主义思潮的出现，其试图抹杀中国共产党的伟大历史，挑战当代大学生对社会主义的信仰，从根本上说，其拒绝了社会主义的正确道路，也拒绝了社会主义核心价值观。

## 2.4 时代新人视域下青年大学生社会主义核心价值观培育路径

在中华民族伟大复兴的新征程中,培养担当民族复兴大任的时代新人,对于服务国家战略需要、加快人才强国建设具有至关重要的意义。围绕"培养什么人、怎样培养人、为谁培养人"这些根本问题,必须筑牢青年大学生思想价值引领重要阵地,促进青年大学生"成人"与"成才"教育的协同发展,为全面建成社会主义现代化强国培养有理想、有本领、有担当的青年大学生。

### 2.4.1 聚焦大学生的时代特点,筑牢思想价值引领之基

当前,我国大学生的价值取向具有崭新的时代特点。一方面,他们对中华传统文化有着普遍的认同,具有较为理性的爱国情感。这种对传统文化的热爱和对国家的热爱,为社会主义核心价值观的培育提供了坚实的文化基础和情感依托。另一方面,随着网络新媒体的普及,信息垄断被逐步打破,信息交流日益便捷,大学生对社会问题的看法日益出现了观念分层的新特征。外来文化思想在大学生的日常生活中逐渐占据一定的位置,传统的权威意识逐渐淡化,一些"网红"式偶像开始成为青少年的崇拜对象,部分大学生存在拼搏奋斗与"躺平""佛系"二元并存的特征。同时,大学生群体的平等意识、规则意识不断增强,他们对"公领域"行为爱憎分明,并且呼吁社会关注特殊群体的利益诉求。

面对当代大学生展现出的新特点,我们必须坚持马克思主义理论的指导地位,站在培养担当民族复兴大任的时代新人的视角下,全面深入推进思想政治教育改革。要以大学生喜闻乐见的方式开展教育,用他们听得懂的声音、看得见的事例,引导大学生筑牢精神之基。将大学生的思考融入中国故事的讲述中,引导大学生将"小我"融入"大我",使他们在个人成长与国家发展的紧密联系中,

树立起正确的世界观、人生观、价值观,从而为社会主义核心价值观培育奠定坚实的思想基础。

## 2.4.2 突出实践育人的重要作用,提升价值观培育实效

"玉不琢,不成器;人不学,不知义。"实践是检验真理的唯一标准,也是提升大学生社会主义核心价值观培育实效的关键环节。要将社会主义核心价值观培育融入实践育人的全过程中,充分发挥实践育人在加强大学生思想政治教育中的重要作用。

首先,要扎实推进以实践创新为主要内容的第二课堂教育改革。组织好社会调查、生产劳动、志愿服务、公益活动、科技发明等实践活动,为大学生提供广阔的实践舞台。通过这些实践活动,提升当代大学生的精神风貌和视野格局,让他们在实践中感受社会的脉搏,增强社会责任感和使命感。例如,鼓励大学生参与社区服务,帮助解决社区居民的实际问题,让他们在服务中体会到奉献的快乐和价值;引导大学生参与科技发明活动,激发他们的创新精神和实践能力,为国家的科技发展贡献力量。

其次,要搭建形式新颖、内容丰富的社会实践平台。引导大学生在社会实践中经风雨、受教育、长才干、做贡献,在社会实践中啃"硬骨头",接"烫手山芋",培养可堪大用、能担重任的栋梁之材。例如,与企业合作开展实习实训项目,让大学生在实际工作中了解企业的运作模式和行业发展趋势,提高他们的职业素养和实践能力;组织大学生参与乡村振兴项目,让他们深入农村,了解农村的发展现状和需求,为乡村振兴贡献智慧和力量。

再次,要加强学术和创新创业竞赛平台建设。针对高校青年,要注重以"挑战杯""志愿服务项目大赛"等赛事为依托,打通课程、队伍、平台、资源、机制等环节,启发青年大学生创新创业思维,培养其创新创业精神,激发其创新创业意识,提高其创新创业能力,并引导其投身社会主义建设。通过这些竞赛活动,不仅能够提升大学生的专业素养和实践能力,还能够培养他们的团队合作精

神和竞争意识，为其未来的职业发展打下坚实的基础。

最后，要注重将社会主义核心价值观培育与优秀传统文化教育相融合，突出文化沁润。挖掘中华优秀传统文化的当代价值，引导大学生在实践中深化对传统文化和中国特色社会主义的理解与认识。充分发挥民族节庆文化、非物质文化遗产等的思想熏陶作用，帮助大学生在实践中正确认识历史文化，增强文化自信和民族自豪感。例如，在传统节日期间，组织大学生开展文化活动，传承和弘扬传统文化；邀请非物质文化遗产传承人走进校园，为大学生传授技艺，让他们在实践中感受传统文化的魅力。

### 2.4.3 发挥网络新媒体的积极引导作用，创新价值观培育形式

在信息化与科技化迅速发展的今天，网络新媒体日渐成为大学生获取信息的重要途径。当前，大学生获取知识与信息的途径很多，如校园内人与人之间的交流、家庭成员内部的交流、社会交往、网络新媒体等，其中，网络新媒体已成为大学生获取信息最多、最快的方式之一。通过网络新媒体，大学生接收并传播文字、视频、图片等信息，这些是大学生在学习与生活中接受价值观教育的方式之一。因此，把握好网络新媒体并进行积极引导，可更好地使大学生树立正确的价值观。

不断提升社会主义核心价值观对大学生思想引领的实效，需要在实践中不断丰富社会主义核心价值观培育的形式，以寓教于乐的方式达到"润物细无声"的效果。在当前形势下，尤其要注意将社会主义核心价值观的培育同网络新媒体阵地的建设有效结合，形成"1+1>2"的合力。要充分重视网络新媒体在大学生社会主义核心价值观培育中的作用，培养网络思维，保持开放心态，广泛涉猎有益的网络知识，不断提升网络素养；借助公众号、抖音、小红书、"B站"等新媒体渠道，搭建面向不同年龄段、不同受众群体的媒介平台。通过"键对键"与"面对面"的结合，精准掌握大学生的思

想动向，借助网络新媒体积极开展爱国主义教育、责任感教育，增强大学生的使命担当意识。例如，制作生动有趣的短视频，讲述爱国主义故事，激发大学生的爱国热情；通过在线互动平台，开展社会责任感主题讨论，引导大学生关注社会问题，增强社会责任感。

网络新媒体对信息传播起着重要的导向作用，社会影响力较大，因此要发挥价值观的引导作用，就要重视信息传播的方式与方向。网络新媒体运营者要在认识到自身责任重大的同时，充分发挥自身优势，引导大学生正确认识中国特色社会主义道路，主动接受社会主义核心价值观的引领，不断提升自己的判断力、辨析力。要不断优化大学生通过网络新媒体获取的信息，不仅要使大学生接收到积极的信息，还要用大学生容易接受的方式。在社会主义核心价值观的培育过程中，要结合社会热点问题进行分析和辨别，引导大学生提升判断能力，甄别所获取的信息，树立正确的价值观。

思政课教师要加强对新生事物的了解，快速熟悉大学生的思想动态与网络环境，有针对性地推动大学生树立正确的价值观，进而实现培育社会主义核心价值观的目的，使大学生投身于全面建成社会主义现代化强国的事业中。例如，教师可以利用网络新媒体平台，开展线上思政课程，结合热点问题进行讲解和讨论，引导学生树立正确的价值观；同时，教师还可以通过网络新媒体与学生进行互动交流，及时了解学生的思想动态，解答学生的疑惑，引导学生树立正确的价值观。

## 2.4.4 打造专业化的大学生教育工作者队伍，强化价值观培育保障

面对世界百年未有之大变局，面对新时代大学生的新特点，面对具有许多新的历史特点的事物，要着力打造专业化的大学生教育工作者队伍。这支队伍要具备深厚的专业知识、丰富的实践经验、敏锐的思想洞察力和良好的沟通能力，能够有效地引领、组织和服务大学生。

要坚持向书本学习、向实践学习、向大学生学习，克服"本领

恐慌"，把握大学生教育工作规律，提升自身引领大学生、组织大学生、服务大学生的能力。注重学理话语与生活话语的融合，缩小沟通距离，产生情感共鸣。大学生教育工作者队伍要始终贴近大学生，密切联系大学生，了解他们的实际需求，帮助他们在解决个人诉求的同时实现社会价值。例如，定期开展座谈会，了解大学生的学习生活情况和思想动态，及时解决大学生的问题和困惑；建立学生帮扶机制，为有困难的大学生提供学业、生活、心理等方面的帮助，让他们感受到学校的温暖和关爱。

要增进与大学生的情感交流，摸清大学生个体需求和其在不同阶段面对的困惑，聚焦大学生成长中面临的核心权益诉求，制定切实有效的公共政策，着力解决影响大学生发展的关键问题。例如，在大学生学业资助方面，完善资助政策，确保每一位有困难的大学生都能得到及时的帮助；在职业规划方面，提供专业的职业指导和就业服务，帮助大学生明确职业方向，提高就业竞争力；在心理健康方面，加强心理健康教育和咨询服务，及时发现和解决大学生的心理问题，保障大学生的心理健康。

要用好课堂教学主渠道，将社会主义核心价值观的精髓融入课程建设中，着力推进课程思政建设，将思想政治理论课打造成对大学生具有吸引力同时饱含真知灼见的"金课"。通过课堂教学，向大学生传授科学的理论知识，引导他们树立正确的价值观。同时，要将大学生思想引领工作摆在校园治理的重要位置，做到精准定位需求、精准思想引领、精准解决问题。在教学、管理、资助、组织等环节感染和教育大学生，形成全方位、多层次的育人格局，为大学生的健康成长和全面发展提供有力保障。

在时代新人视域下，培育青年大学生的社会主义核心价值观是一项系统性工程，需要全社会的共同努力。通过聚焦大学生的时代特点，筑牢思想价值引领之基；突出实践育人的重要作用，提升价值观培育实效；发挥网络新媒体的积极引导作用，创新价值观培育形式；打造专业化大学生工作队伍，强化价值观培育保障，我们一定能够培养出担当民族复兴大任的时代新人。

# 第三章　新时代大学生培育和践行社会主义核心价值观分析

新形势下，做好大学生思想引领工作的重要性越发明显，培育和践行社会主义核心价值观成为新时代高校思想政治工作的一项重要使命。在这一过程中，我们要广泛结合新时代社会的发展变化、大学生的思想行为特点、思想政治工作的规律，着力在贴近生活、贴近实际、贴近学生中，构建培育和践行社会主义核心价值观的科学有效机制，开创高校思想政治工作的新局面。

## 3.1　新时代大学生培育和践行社会主义核心价值观的现状探究

在党的二十大报告中，习近平总书记强调了青年的重要性，明确指出青年是国家的未来和希望。"青年强，则国家强。当代中国青年生逢其时，施展才干的舞台无比广阔，实现梦想的前景无比光明。全党要把青年工作作为战略性工作来抓，用党的科学理论武装青年，用党的初心使命感召青年，做青年朋友的知心人、青年工作的热心人、青年群众的引路人。广大青年要坚定不移听党话、跟党走，怀抱梦想又脚踏实地，敢想敢为又善作善成，立志做有理想、敢担当、能吃苦、肯奋斗的新时代好青年，让青春在全面建设社会主义现代化国家的火热实践中绽放绚丽之花。"❶ 习近平总书记对青年的殷切

---

❶ 习近平. 习近平著作选读：第一卷［M］. 北京：人民出版社，2023：58.

期望和明确要求，不仅体现了其对青年一代的重视，也明确了高校思政教育工作者的使命和责任。本章旨在深入探讨如何提升青年大学生的思想素质，加强社会主义核心价值观的培育，以期达到培养时代新人的目标。

在分析当前高校思政教育的现状时，我们必须首先总结已取得的成绩，并且要敢于正视存在的问题。解决存在的问题并最终提升高校在培育和指导大学生践行社会主义核心价值观方面的能力，是本书的基本逻辑和思路。研究的第一步，就是对大学生群体进行深入剖析。作为教育中的主体，大学生群体的行为能够直接反映出当前社会主义核心价值观培育的成就与问题。因此，将大学生作为研究的主体，不仅是一个合适的切入点和起始点，而且能为后续的研究和分析奠定坚实的基础。

根据教育部发布的数据，截至2024年6月，全国高等学校总数已达到3117所，其中包括1308所普通本科学校、1560所高职（专科）学校以及249所成人高等学校。这些高等教育机构的在学总规模已高达4763.19万人。面对如此庞大的教育体系和学生群体，不同类型的学校、学校所在地区的差异，以及学生年龄、性别等多方面的差异，都为本书的研究工作带来了不小的挑战。因此，本书特别设计了原创的"大学生社会主义核心价值观学习与践行情况调查问卷"，在身边的高校中进行调研。同时，本书还结合其他学者和一线教师的研究成果，对收集到的数据进行深入分析，以期总结出最普遍和最常见的情况。我们希望这些研究成果能够起到抛砖引玉的作用，帮助广大教育工作者在实际工作中结合各自高校的实际情况，发现问题、解决问题，共同推进大学生社会主义核心价值观培育工作。

自党的十八大以来，党中央对培育和践行社会主义核心价值观给予了高度重视。习近平总书记多次发表重要讲话，对这一主题进行了深入论述，并提出了明确的要求。中共中央政治局也多次组织集体学习，专门围绕培育和弘扬社会主义核心价值观、弘扬中华传统美德进行深入探讨。在全社会范围内,学习社会主义核心价值观已成为一种风尚,高校的思政工作也紧跟时代步伐,不断推进。总体来看,我国在青年大学生群体对社会主义核心价值观的认识、掌握和实践方面取得了显著的成就。这些成就不仅为社会主义精神文明建设作出了重要贡献,增强了文化认同感和民族凝聚力,而且为全面建设社会主义文化强国提供了坚实的基础。

### 3.1.1 形成对党和国家的信仰与热爱

热爱中华民族和中华人民共和国,拥护中国共产党的领导,是大学生个人发展的前提,是其修身治本的方向,是促进其成长的强大动力。爱国是在日积月累中巩固起来的对祖国的深厚情感,它不仅是优良传统,也是民族精神的核心。

中国共产党的领导对于大学生世界观、人生观、价值观的建立十分重要。中国共产党是中国工人阶级的先锋队,同时是中国人民和中华民族的先锋队,是中国特色社会主义事业的领导核心。在当代中国,爱党与爱国在本质上是一致的。从政党理论上讲,欧美政党本质上明确代表资产阶级内部不同的利益集团。中国共产党在本质上与欧美政党不同,其强调除了工人阶级和最广大人民群众的利益,中国共产党没有自己特殊的利益,更不允许任何共产党员维护代表任何一种特殊利益。

第一,对党和国家的热爱表现在面对民族与国家大义时,可以保持正确的立场,可以作出正确的是非判断。面对祖国统一大业不断推进中遇到的风险与挑战,绝大多数当代大学生都树立了维护国家统一的正确价值观,坚持正确的立场,反对一切危害祖国统一的言论与行为。许多大学生十分关注国家大事,在很多舆情事件的关键时刻,都可以在各个网络平台上看到当代青年发出的维护祖国和维护中华民族的声音,敢于配合政府同破坏国家统一、威胁国家公共安全的行为作斗争。

第二,大学生应坚定民族自信与文化自信,主动了解和学习中国传统文化，学习党史，主动成为中华传统文化与民族精神的传播者。

**案例1**：当前一些中国学生选择传媒专业并出国留学，就是出于开拓自身视野和学习国际传播知识的目的，反映出新一代中国大学生所追求的价值方向的改变。南加州大学作为美国的"传媒殿堂"，其新闻与传播学院的毕业生撑起了洛杉矶传媒娱乐业的半壁江山，而目前这座殿堂出现了越来越多的中国学生：南加州大学公布的2022年秋季硕士研究生数据显示，新闻与传播学院各专业硕士研究生中将近40%是中国学生。

**案例2**：某站博主在法国读音乐学校，自小学习古筝的她经常一人一筝在法国各个城市的街头演奏来自世界各地的乐曲。她身穿汉服，梳国风发型，弹奏着传统的中国乐器，将整场表演刻下深深的民族烙印。在她的古筝前，还放着介绍古筝文化的中文与法文双语宣传页，供人们自取阅览。

**案例3**：一位就读于美国马里兰艺术学院插画系的中国留学生，她的手绘填色卡在2021年春节期间被展示在美国华盛顿的史密森尼美国艺术博物馆的官网上。

## 3.1.2 树立正确而远大的人生理想

理想，在我国古代也被称为"志"。中华民族历来都很重视理想，在任何困境下都坚持"人穷志不穷"，坚持属于自己的信念与理想，不受物质条件的限制。诗人流沙河的诗句准确地描述了理想的概念："理想是石，敲出星星之火；理想是火，点燃熄灭的灯；理想是灯，照亮夜行的路；理想是路，引你走到黎明。"

理想的正确性以及个人在成长发展中对理想的坚持，是价值观构建过程中的关键要素。作为新时代的青年，大学生既享有广阔的发展空间，也肩负着伟大的时代使命，社会主义核心价值观的引导作用显得尤为重要。将社会主义核心价值观融入中国特色社会主义建设，是实现中华民族伟大复兴中国梦必经之路。正确理解共产主义远大理想与中国特色社会主义共同理想之间的关系至关重要。坚持学习、信仰、实践，将学习成果转化为坚定的理想信念，转化为正确的世界观、人生观、价值观，用理想之光指引奋斗之路，用信仰之力开创美好未来。

**案例1**：2021年，在中国共产党的领导下，中国人民成功完成脱贫攻坚、全面建成小康社会的历史任务。在新时代，众多青年大学生在学习科学文化知识的同时，注重实践，积极将个人成果转化为实际行动，将扶贫致富的目标与个人理想相结合。例如，作为新时代的工科学生，武汉工程大学2018级本科生刘耀东不断探索科研成果的转化应用。他参与的碳化硅陶瓷膜应用研究共获得国家专利11项，成果转化率高达90%。他与团队成员共同参与售卖橙子的活动，体现了将科研成果转化为实际应用的实践精神。贵州大学2019级博士生张建，作为学术骨干，荣获贵州省科技进步奖一等奖，并在乡村振兴中发挥科技创新作用，创制出具有自主知识产权的绿色农药，以实际行动践行了"将论文写在祖国大地上"的誓言。

**案例2**：实现建军一百年奋斗目标，加快把人民军队建成世界一流军队，是全面建成社会主义现代化强国的战略需要。许多大学生不畏艰难，放弃安逸的生活环境，毅然选择从军，将奉献国防事业融入个人理想。2017年，西南石油大学学生刘宸响应国家号召，积极应征入伍，并主动申请到新疆艰苦边远地区服役，实现了自己历练人生、卫国戍边的从军梦想。在"国际军事比赛2019"中国代表队队员选拔中，刘宸从近万名候选者中脱颖而出，成为队中唯一的大学生义务兵队员，并在"军械能手"项目中勇夺三枚金牌。其在服役期间表现出色，被新疆军区授予个人一等功。刘宸成为全国普通高校中唯——名在校大学生荣获一等功的退伍义务兵。

越来越多的大学生将个人奋斗目标与全面建成社会主义现代化强国的目标相结合，将个人理想与共产主义远大理想和中国特色社会主义共同理想相融合，在各自的专业领域绽放出独特的理想之光。

### 3.1.3 增强担当意识和奉献精神

在新时代大学生群体中，敢于担当、勇于奉献的作风得到肯定，他们努力成为具有担当意识和奉献精神的新时代建设者。马克思主义历来强调青年群体的作用。马克思认为，无产阶级的未来"因而也是人类的未来，完全取决于新一代工人的成长"❶。近代以来，特别是五四运动以来，无数中国青年为了民族独立与国家富强义无反顾、前仆后继，诚如毛泽东同志所盛赞的那样，青年是早晨八九点钟的太阳。我们党深知青年的作用，无论是在新民主主义革命时期，还是在新中国成立后的社会主义革命和建设时期，都高度重视青年，把青年群体看作革命的先锋队、国家建设的主力军。当代青年虽然生活在和平稳定的年代，但同样肩负着让中国"强起来"，实现中华民族伟大复兴中国梦的历史使命。

**案例1**：黄冈职业技术学院学生、中共党员徐杰，在面对新冠疫情时，主动放弃与家人团聚的机会，没有请战书，没有誓师会，在大年除夕的夜晚，不顾家人的担心与牵挂，毅然奔赴村落，化身为"抗疫勇士"，谱写了一曲抗击疫情的"逆行者"之歌。

**案例2**：新冠疫情发生后，电子科技大学"90后"博士黄山第一时间联系政府，希望提供帮助。作为"网红"羽毛球机器人的研发者，黄山及其团队成员根据防疫的实际情况，投运自主研发的机器人在医院门诊大厅、隔离病区进行24小时的防疫宣教、物资配送和便民服务工作，有效降低了交叉感染的风险，缓解了一线医务人员的工作压力。在新时代，许许多多如黄山一样的青年人才勇于担当、各显所长，用专业力量为国家建设作出了贡献。

### 3.1.4 培养社会主义建设者和接班人

高校作为培育优秀人才、传承优秀文化、激发创新精神的重要

---

❶ 马克思，恩格斯. 马克思恩格斯全集：第十六卷［M］. 中共中央 马克思 恩格斯 列宁 斯大林 著作编译局，编译. 北京：人民出版社，1956：215.

场所，是青年实现梦想、拓宽视野、提升能力的重要平台。在这里，青年不仅能够学到知识，还能够培养出对社会有益的品质和能力。只有将培育社会主义建设者和接班人作为根本任务，才能打造出具有中国特色的全球一流高校。高校应坚持正确的办学方向，培养社会主义建设者和接班人，深入推进新时代立德树人工程，把立德树人的成效作为检验学校一切工作的根本标准，把德育贯穿于智育、体育、美育、劳动教育全过程，有力解答好教育的根本问题，抓好后继有人这个根本大计。高校应成为培养具有深厚文化底蕴、创新精神和实践能力的高素质人才的摇篮，为国家的发展和中华民族伟大复兴贡献力量。

随着全球经济的持续增长，当今世界的竞争日益激烈，科技进步的重要性也日益凸显。因此，政府及企业应把握机遇，加强与高校的合作，提供充足的资源，满足当今世界经济增长、政治稳定、文明进步、社会发展的需求，从而推动中华民族伟大复兴中国梦的实现。只有这样，我们才能在全球化的浪潮中站稳脚跟，为国家的繁荣和民族的振兴作出更大的贡献。

"功以才成，业由才广。"（《三国志·蜀书》）大学生应该坚定地追求自己的梦想，并且更加自觉地肩负起时代重任，为国家建设作出贡献。随着国家的强大和社会的发展，党和国家也越来越重视高校的发展。只有通过深化内涵建设，不断完善高校的办学理念，强化学校的独特性和竞争力，才能使大学生成为国家和世界的栋梁之材。

"水之积也不厚，则其负大舟也无力。"（庄子《逍遥游》）建设具有中国特色的世界一流大学，必须抓好三项基础性工作，不容有丝毫懈怠。高等院校要坚持正确政治方向，抓好马克思主义理论教育工作，培育和践行社会主义核心价值观，坚持立德树人，把自身的特色和优势有效转化为培养社会主义建设者和接班人的能力；要建设高素质教师队伍，培养一批有理想信念、道德情操、扎实学识、仁爱之心的好教师，让教师更好地担负起学生健康成长指导者与引路人的责任；要形成高水平人才培养体系，应坚持党的领导、加强党的建设，加强思想政治工作体系建设，加强学科体系、教学体系、教材体系、管理体系建设，加强对前沿科学技术的引领与支持，培养出具有真才实学的复合型人才。

## 3.2 新时代大学生培育和践行社会主义核心价值观存在的问题

社会主义核心价值观内涵丰富，涉及大学生日常生活和学习的方方面面，尽管当前我们已经取得了诸多成绩，但是事物发展的道路是曲折的，其间难免出现这样或那样的问题。为了更清晰地表述发现的问题，本书主要从两个方面进行分析：第一，培育和践行社会主义核心价值观是一个从认识到实践的过程，其中任何一步出现问题都不利于最终的结果，因此要纵向地进行剖析，关注的重点在过程；第二，社会主义核心价值观内容丰富，其中许多内容都与大学生的各方面相契合，因此再从具体内容的角度出发寻找问题，关注的重点在结果。将二者结合起来看，更有利于对现状的全面把握，为后续分析问题的原因和寻求解决问题的途径奠定基础。

尽管如此，我们也不能忽视在实际工作中培育和践行社会主义核心价值观所面临的一些问题，这些问题在一定程度上影响了社会主义核心价值观应有作用的充分发挥。面对问题，我们不应感到畏惧，更不能选择逃避。关键是要及时发现存在的问题，深入分析问题背后的原因，并以此为指导，寻找解决问题的有效途径。

### 3.2.1 部分大学生对社会主义核心价值观的认识流于表面

近年来，社会主义核心价值观的普及工作取得了显著成效，从儿童到老年人，越来越多的人能够背诵社会主义核心价值观的内容。大学生作为学习能力较强的群体，掌握社会主义核心价值观的内容相对容易。针对山东交通学院学生的调查显示,超过91%的本科生能够准确说出社会主义核心价值观的12个主题词,96%的学生基本了解社会主义核心价值观的内容,不存在完全不了解的情况。

结合其他调查发现,高职生群体中有88.67%的学生对社会主义核心价值观的内容非常清楚,但仍有7.33%的学生对其了解不深,4.00%的学生对其完全不了解,如图3-1所示。

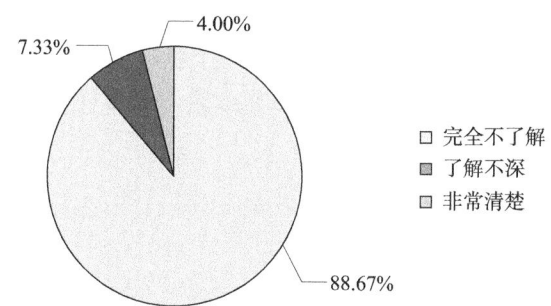

**图3-1 高职学生对社会主义核心价值观内容的了解程度**

然而,在如此高的普及率之下存在一个不容忽视的问题,那就是一些学生对社会主义核心价值观的了解流于表面。比如对于问卷中"社会主义核心价值观的三个层面分别是什么""社会主义核心价值观回答了什么重大问题"等问题时,能正确回答的学生并不多。若想进一步深入培育和践行社会主义核心价值观,必须深刻地理解社会主义核心价值观的内涵。大学生作为社会的新鲜血液与全面建成社会主义现代化强国的下一代栋梁,更要深刻理解社会主义核心价值观的科学内涵,坚定共产主义远大理想和中国特色社会主义共同理想,继承并弘扬伟大的民族精神与时代精神,这样才能使社会主义核心价值观的种子真正在青年大学生心中生根发芽。

## 3.2.2 部分大学生对社会主义核心价值观的认知学习缺乏主动性

在培育社会主义核心价值观的过程中,部分大学生仍旧处于相对被动的学习状态,缺乏学习社会主义核心价值观的主动性与积极性,这既有大学生自身的原因,也有来自当前价值观教育中存在的形式主义与灌输式教育等问题。但需要注意的是,社会主义核心价值观作用的发挥是由内而外的,只有全社会真正地认同社会主义核心价值观,发自内心地尊重社会主义核心价值观,并且时刻以社会主义核心价值观来约束自己的行为,才能最大化地发挥社会主义核心价值观的作用。

结合本书的问卷调查,主要存在以下情况:当被询问其对社会主义核心价值观感兴趣的程度时,大多数大学生选择了比较感兴趣(84.29%),选择很感兴趣的学生只占5.43%,而选择不太感兴趣的学生占10.28%,如图3-2所示。

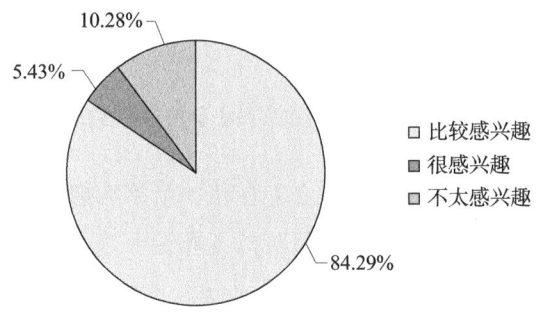

图3-2 大学生对社会主义核心价值观感兴趣的程度

在面对"您了解社会主义核心价值观的主要途径是什么"这一问题时,大多数学生选择了"学校教育",其次是"网络与电视",而选择"书籍或报刊"的人较少。学校的教育具有一定的强制性与灌输性,正是其以被动接受为主的表现;"网络与电视"和"书籍或报刊"虽然同属大众媒体,但是"网络与电视"具有更广泛的传播力,更易于接受;而沉下心来认真地从文字中学习则要付出一定的精力。因此可以看出,部分大学生对于社会主义核心价值观的学习积极性并不高。从与教师的访谈中也可以看出,部分大学生在上思政课时,存在精神不够集中、对待作业不够用心等问题。

通过问卷对社会主义核心价值观在大学生中的传播状况进行分析后发现,有140人选择了"倡导爱国主义、倡导集体主义、倡导社会主义"这一选项,有108人选择了"倡导社会主义、倡导职业道德、倡导家庭美德"这一选项。由此可以看出,在社会主义核心价值观的传播上,高校还需要进一步加大工作力度。大学生对社会主义核心价值观基本持正面看法,有280人认为社会主义核心价值观与每个人密切相关,需要倡导,更需要践行;但是也有32人认为社会主义核心价值观与自己无关,有20人甚至认为没有必要倡导社会主义核心价值观,如图3－3所示。总体而言,大学生对社会主义核心价值观的学习和践行持积极态度,认为社会主义核心价值观在指导人们树立正确价值取向、推进国家建设、促进公民道德建设等方面发挥着重要作用,对如何更好地弘扬社会主义核心价值观有着普遍的思考。

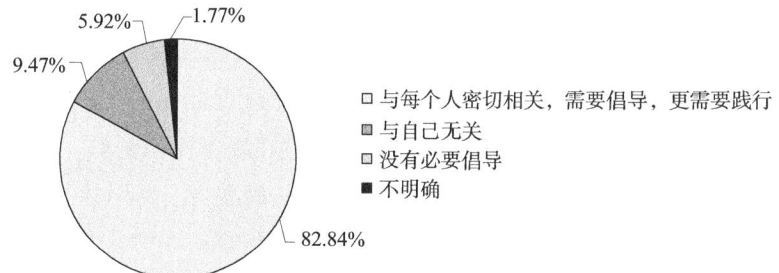

**图3－3 大学生对倡导社会主义核心价值观的看法 ($N=338$)**

通过分析调查问卷资料,可以得知在本次调查中,大多数大学生对社会主义核心价值观的内涵有所了解,但是仍存在部分大学生对其认识不够准确。

在针对思想道德这一主题进行调查的过程中,我们注意到,绝大多数受访大学生认为当前在思想道德领域,主要问题集中在社会诚信的缺失和社会公德的滑坡两个方面。根据统计,持有这两种观点的大学生人数比例高达74%。当被问及思想道德领域存在的问题应该从哪些方面着手解决时,有255人认为应当加强法律和制度建设，197 人认为应当关注经济社会的政策导向，221 人认为应当加强舆论环境建设，而 196 人则认为应当加强高校思想道德教育建设。此外，受访大学生普遍认为，参与送温暖、献爱心的志愿服务活动和公益活动是有利于思想道德建设的方式。

综合这些调查反馈的资料，可以看出，广大青年大学生对于思想道德建设的现状有着较为清晰的认识，并且对如何进一步加强思想道德建设持有较为准确的观点。

### 3.2.3 部分大学生在知行合一方面存在不足

培育社会主义核心价值观的最终目的，是将其付诸实践。只有将社会主义核心价值观内化于心、外化于形，其才能真正发挥作用，坚定人民的信仰，凝聚全民族的智慧，加强社会主义精神文明建设，实现中华民族伟大复兴。大学生正处于一个思维活跃、情感丰富、精力充沛的人生发展阶段，他们的认知能力和信念水平还不够成熟，道德人格也未完全稳定。同时，他们对新鲜事物的接受能力很强，容易受到各种社会思潮的影响，这些都给其践行社会主义核心价值观带来了不确定性。在现实生活中，主要存在以下几种表现。

首先，认知与行动的脱节问题。通过基础教育，部分大学生对道德规范有了明确的认识，但在实际行动中体现不足，往往停留在口头认知层面。在日常生活中，一些大学生表现出道德冷漠，对于能够轻易帮助他人的情况，持有一种"事不关己，高高挂起"的态度。在对在校大学生进行"是否参加爱心活动、志愿活动"的调查中，选择"经常参加"的仅占 35.45%。其次，行动并非出于自愿。部分大学生虽表现出良好的行为，但并非源自其内心的意愿，而是因为受到外部压力和约束，或是出于功利化的目的。调查表明，部分大学生参加志愿活动并非出于自愿，而是担心他人异样的眼光或责备。最后，认知与行动相悖。少数大学生虽然认同公正、平等、诚信等价值观，但在实际行动中却无法践行这些价值观，甚至存在相悖的行为。

### 3.2.4 部分大学生面对考验时定力不足

新时代大学生的信仰应当是马克思主义,应当拥护中国共产党的领导,热爱社会主义祖国。只有心有所信,方能致远。回顾党的百年历史,支撑着一代又一代中国共产党人乘风破浪、披荆斩棘的,正是他们坚定不移的马克思主义信仰。唯有理想信念坚如磐石,才能时刻知责于心、担责于身、履责于行,知难负重、越挫越勇。新时代大学生要始终坚定理想信念,把对共产主义的信仰、对中国特色社会主义的信念作为终身不变的坚守,任何时候都不改初心、不忘初衷,筑牢精神支柱,扎牢信仰之根。新时代大学生的信念就是要始终坚持中国共产党的领导,要加强理论武装,深入学习马克思主义理论,学习党的创新理论,增强"四个意识"、坚定"四个自信"、做到"两个维护"❶,坚定不移地做新时代的敢为者、担当者;努力学习科学文化知识,脚踏实地,为全面建成社会主义现代化强国而奋斗终身。社会主义核心价值观的培育与践行离不开个体对马克思主义的信仰和对共产主义信念的坚持。只有这样,在面对实际考验时才能所向披靡,无所畏惧。

需要注意的是,在现实中,一些大学生存在信仰与信念不够坚定的问题。一旦丧失对共产主义的信仰,社会主义核心价值观的培育和践行就会走上歧途,难以完成;在现实中遇到考验时,就会缺乏定力,发生价值观的偏移。例如,在错综复杂的国际环境中,某些西方国家始终未曾放弃对我国意识形态的渗透,试图从根本上对我国实施所谓的"西化、分化"的政治阴谋,一些大学生接触到西方以个人主义、拜金主义、享乐主义为特征的价值观念的宣传,并受到了影响。

---

❶ "四个意识",即政治意识、大局意识、核心意识、看齐意识;"四个自信",即中国特色社会主义道路自信、理论自信、制度自信、文化自信;"两个维护",即坚决维护习近平总书记党中央的核心、全党的核心地位,坚决维护以习近平同志为核心的党中央权威和集中统一领导。

## 3.3 新时代大学生培育和践行社会主义核心价值观存在问题的原因分析

虽然存在上述问题,但大多数学生在学习和践行社会主义核心价值观中表现良好。

事物发展的道路是曲折的,但前途是光明的。在新时代大学生培育与践行社会主义核心价值观的过程中必然会遇到困难、出现问题,发现和总结问题是为了更好地解决问题。在解决问题之前,首先要明确问题出现的原因。

### 3.3.1 新时代部分大学生自身的原因

内因是事物发展的根据,即使社会、高校、家庭将培育社会主义核心价值观的工作做得很好,如果大学生自身没有主动学习和践行的觉悟,也无法实现内化于心、外化于行。新时代大学生基本是"00后"的新一代,其中部分大学生的生活比较安逸,导致其生活能力和自主能力不足,有些大学生对父母、他人的付出缺少理解和感恩之情,以自我为中心,缺乏对他人的爱心与同情心,甚至存在道德缺失、态度冷漠的情况,给培育社会主义核心价值观带来了阻碍。

另外,由于处于成长的黄金时期,大学生有其自身的特点,他们的思维比较活跃,情感也更为丰富,可塑性很强。对于新事物,不论是知识还是价值观念,他们都有着较强的接受能力与理解能力,敢于探索与创新。这些大学生所具有的独特条件,有助于他们正确认识社会主义核心价值观。但值得注意的是,正因其处于成长和发展时期,有些大学生的思想较单纯,情绪较容易受外界影响,阅历也有限,所以其辨别是非的能力与心理承受能力相对较差,无法理性而清醒地对事物作出正确判断,对情绪的控制能力也不强,在价值观的接受与建立过程中容易受到外来文化的侵蚀。在遇到挫折与困难时，很可能被感性操控而作出一些冲动与草率的行为。

总之，大学时期作为人格发展的重要时期，是大学生逐步走向成熟的过渡阶段，也是价值观形成的关键时期，如果在这个阶段没有坚定信念，没有正确把握价值观的内容，便会在不正确的价值观的指导下行动，造成难以弥补的后果。

### 3.3.2 认识和学习过程存在问题，理解存在偏差

应然与实然之间是有差距的，在新时代部分大学生社会主义核心价值观的践行过程中，也会存在这种问题。

首先，理论认知的浅层次性导致对是非判断的模糊。部分大学生在学习社会主义核心价值观的过程中，会出现一定程度的惰性，一些大学生并不是积极地去汲取知识，而是依靠教师灌输的理论，他们没有理解社会主义核心价值观的前因后果、来龙去脉，也并不知道其与资本主义国家的价值观有何不同。这种理论知识学习的浅层次，使有些大学生对于社会主义核心价值观的理解与认识不全面、不深刻，容易受到多元化价值观念的影响，被西方价值观念干扰与诱导，从而导致社会主义信念不够坚定。

其次，价值认同的偏差导致对价值判断的偏颇。社会主义核心价值观内涵丰富，不仅包括个人层面，也包含社会层面与国家层面，其中包含对社会进步的美好愿景与对公平正义的价值诉求。对于部分认知水平不够高、不够成熟的大学生来说，其价值认同往往是由浅而深的，首先注意到的是浅层利益，如果这些利益没有得到满足，便会削弱其积极性，从而有可能吸收西方的某些价值观念，如功利主义，并被这些价值观念所影响。

最后，情感未升华导致践行的自觉性不够。只有内心真正信仰社会主义核心价值观，才会在处理问题时将其作为立场与方法，才会对中国特色社会主义充满自信。从现阶段情况来看，部分大学生的情感升华还不充分，在社会主义核心价值观的践行过程中，

他们容易受到感性认识的影响，行为的波动性较大，良好的习惯还未完全形成，所以在实践中便会出现知行不一的现象。青年作为国家发展进步的栋梁，其价值取向决定着未来社会的价值取向，大学生在社会主义核心价值观的践行中所起的作用与所承担的责任重大。

### 3.3.3 部分大学生文化自信及文化底蕴不足

中华传统文化博大精深，然而，近代以来，西方文化的东渐影响了人们对传统文化的接受程度。尽管当前我国主流价值观已否定全盘西化和历史虚无主义，确立了中国特色社会主义道路自信、理论自信、制度自信、文化自信，但在大学生群体中，对中国历史与传统的兴趣不足现象依然存在；即便有些大学生对"国风"有所喜好，但缺乏对中华传统文化价值内核的深刻理解。

社会主义核心价值观作为文化范畴的重要组成部分，其培育和实践必须遵循文化发展的内在规律，以确保其在人的精神世界中扎根。学习和掌握中华传统文化中的思想精华，增进对中华优秀传统文化的认同，是社会主义核心价值观培育的根基所在，对于树立正确的世界观、人生观、价值观具有重要意义。古代先贤所倡导的"先天下之忧而忧，后天下之乐而乐"（范仲淹《岳阳楼记》）的政治抱负，"位卑未敢忘忧国"（陆游《病起书怀》）、"苟利国家生死以，岂因祸福避趋之"（林则徐《赴戍登程口占示家人二首》）的报国情怀，"富贵不能淫，贫贱不能移，威武不能屈"（孟子《富贵不能淫》）的浩然正气，"人生自古谁无死，留取丹心照汗青"（文天祥《过零丁洋》）、"鞠躬尽瘁，死而后已"（诸葛亮《后出师表》）的献身精神等，体现了中华民族的优秀传统文化和民族精神，我们应当对其进行继承和发扬。遗憾的是，当前部分大学生中流行的数字化阅读导致了其对传统文化的淡漠与疏离，存在碎片化阅读和浅阅读现象，进而引发了一些大学生文化底蕴不足和文化历史视野狭窄等问题。中国音像与数字出版协会发布的《2023年度中国网络文学发展报告》显示，2023年网络文学用户题材偏好排前五位的是玄幻奇幻、悬疑推理、新类型小说、灵异科幻和武侠仙侠。2025年中国用户阅读书籍类型偏好中，文化类书籍占比为34.73%。

由此可见，日常阅读在帮助大学生了解中华传统文化、爱国主义的民族精神以及改革创新的时代精神方面的作用有待加强，这进一步影响了社会主义核心价值观的培育。

## 3.4 新时代大学生培育和践行社会主义核心价值观的路径探析

在新时代背景下，探析大学生培育和践行社会主义核心价值观的路径显得尤为重要。分析问题的目的是更好地解决问题。正如上文所述，大学生培育和践行社会主义核心价值观中存在的问题具有多主体性、多角度性和多方面性。为了解决这些问题，本节将针对大学生群体提出具体解决方案，旨在为新时代大学生的全面发展提供理论支持和实践指导。

### 3.4.1 坚持党的全面领导不动摇

在高等教育领域，要坚持和巩固党对高校意识形态工作的领导。2016年12月7日至8日，全国高校思想政治工作会议在北京召开，习近平总书记出席会议并发表重要讲话。他强调："我国有独特的历史、独特的文化、独特的国情，决定了我国必须走自己的高等教育发展道路，扎实办好中国特色社会主义高校……办好我国高校，办出世界一流大学，必须牢牢抓住全面提高人才培养能力这个核心点，并以此来带动高校其他工作……要坚持不懈传播马克思主义科学理论，抓好马克思主义理论教育，为学生一生成长奠定科学的思想基础。要坚持不懈培育和弘扬社会主义核心价值观，引导广大师生做社会主义核心价值观的坚定信仰者、积极传播者、模范践行者。要坚持不懈促进高校和谐稳定，培育理性平和的健康心态，加强人文关怀和心理疏导，把高校建设成为安定团结的模范之地。要坚持不懈培育优良校风和学风，使高校发展做到治理有方、管理到位、风清气正。"❶

要把党的政治建设摆在首位，教育引导广大师生坚决维护以习近平同志为核心的党中央权威和集中统一领导，自觉在思想上政治上行动上同以习近平同志为核心的党中央保持高度一致。牢牢掌握党对教育工作的领导权，坚持党管办学方向、党管干部、党管人才、党管意识形态，领导改革发展，使教育成为坚持党的领导的坚强阵地。全面加强教育系统党的建设，实施好基层党建质量提升攻坚行动，坚持和完善党委领导下的校长负责制，加强中小学、民办学校、中外合作办学党建工作，确保党的组织和党的工作全覆盖。持之以恒正风肃纪，巩固拓展落实中央八项规定精神成果，深化政治巡视，深入推进反腐败斗争，营造风清气正的良好政治生态和育人环境。

中国特色社会主义最本质的特征是中国共产党领导，党的领导在各个层面都起着重要作用。由于党的全面领导，我们能够有效地聚焦重点工作，并取得成效。通过建立和完善社会主义市场经济体制，我国已经取得了巨大的进步，并使我国教育总体水平达到世界中上行列。2024年全国应届高中毕业生约1179万人，占同年龄段（以高考报名人数为参考）的87.8%。2024年全国高考本科录取人数为450万人（含普通本科及职业本科），占高考总录取人数（1068.9万人）的42.1%。

实践表明，党在高校的领导核心作用发挥得好不好，直接影响着高等教育事业的持续健康发展。自党的十八大至今，我国大力推进全面从严治党，大大改善了高校的思想和组织氛围，为推进中国特色社会主义的伟大实践和实现中华民族伟大复兴打下了坚实的基础。当今，我们要坚持对马克思主义的坚定信仰，深入贯彻党中央

---

❶ 习近平在全国高校思想政治工作会议上强调：把思想政治工作贯穿教育教学全过程 开创我国高等教育事业发展新局面 [N]. 人民日报，2016-12-09（01）.

决策部署，不断探索和完善具有中国特色的高等教育体系。只有坚持社会主义核心价值观，进一步深化变革，才能让我国的高等教育走上一条更好的道路，从而达到国家的经济社会发展目标，全面建成社会主义现代化强国。

### 3.4.2 强化高校学风建设

学习是永恒的主题，也是大学生的基本职责。从个体角度而言，提高学习能力、树立学习目标、端正学习态度、强化学风建设对于大学生而言至关重要。学风建设不仅关系到个人成长，更关乎社会的进步与发展。

**1. 端正学习态度**

态度是行动的先导，决定着行动的方向。政治坚定、思想解放、实事求是是端正态度的关键。首先，政治坚定要求讲党性、原则、大局、服从和纪律。其次，思想解放是无止境的，需要不断用新的视角、思路、措施和作风推进工作。最后，实事求是是要看清问题的本质、抓住问题的关键，要求在决策中善于调查研究，走出校园，到社会中锻炼，提高实践能力。

**2. 增强学习意识，强化立身之本**

提升自身素质的前提是学习。作为新时代大学生，不应仅限于被动学习，而应具备自主学习的能力，端正学习态度，将学习视为终身任务，不断深入学习理论，增强运用理论指导实践的能力；拓展知识面，完善自身知识体系。在此过程中，保持高昂的学习热情，在学习中发现问题并解决问题，充实内心世界。通过理论联系实际学、带着问题学、深入持久地学，达到学以立德、学以增智、学以致用的目的。

**3. 大学生应严格要求自己**

学风建设，关键在于"勤"。常言道"业精于勤，荒于嬉"，社会的不断进步和新技术的不断涌现要求我们不断学习，唯有勤奋学习，才能适应不断变化的社会，更好地完成工作。加强学风建设，需要在"学"上下功夫，做到勤奋好学，学以致用。"勤"是基础，"好"是关键，"学"是核心，"用"是目的。学习热情高、干劲足，并不意味着工作完成得好，现实情况中，许多大学生都会遇到这种问题，即虽然热情很高，但在遇到问题时却无法对症下药，结果不佳，吃力不讨好。这是因为没有将学习与实践结合起来，创新能力有待提高。针对这种问题，就需要将知识运用到实践中，在增强学习能力的同时，加强在实际生活中的运用。学风建设，需要在"用"上下功夫，学习的目的就是更好地应用，实践是检验真理的唯一标准，学习成果也会通过实践中的运用表现出来。

作为培养未来建设者的主要阵地，高等院校应当充分发挥其作用，让每一个大学生都能在这片土壤上有所成长，让他们的梦想得以实现。

一是在马克思主义的指导下完善育人体系。当前教育改革正处于关键转折点，为了更有效地进行思想政治教育，需要将马克思主义贯彻到每一项活动中，使其成为我们的行动准则和指南。高校教育工作者应对马克思主义融会贯通，培养大学生的思维能力，使他们能够全面、准确地把握马克思主义核心思想，以满足当今社会发展的需要。通过制定具有时代特征的大学生马克思主义者培训计划，努力将马克思主义融入"十大"育人体系❶的内容、形式、手段、途径和发展轨迹中，使其能够深入大众的思维、行动之中。同时，我们应坚持"十大"育人体系的理念指导，让更多的大学生能够发挥自己的潜能，让他们拥有更多的机会去追求自己的理想。

二是在社会实践中锻造新时代大学生的奋斗精神。高校在引领

---

❶ "十大"育人体系，包括课程育人质量提升体系、科研育人质量提升体系、实践育人质量提升体系、文化育人质量提升体系、网络育人质量提升体系、心理育人质量提升体系、管理育人质量提升体系、服务育人质量提升体系、资助育人质量提升体系、组织育人质量提升体系。

青年大学生社会主义核心价值观培育的过程中，需要结合全面建成社会主义现代化强国的宏观背景，通过实践活动深化对思想政治教育规律、青年人才培养规律以及教育发展规律的理解与掌握。积极引导青年大学生投身社会实践，促使他们深入基层、社会及群众之中，体验生活、感悟社会、了解国情。高校应致力于丰富和创新社会实践内容与形式，注重线上线下、课内课外的结合，以及长远目标与阶段性培养的融合，以构建实践育人的整体格局。将社会实践与基层锻炼、社会服务、公益活动、科学实验、勤工助学等相结合，注重实践的质量与成果转化，以坚定青年大学生的理想信念和爱国情怀，培养其社会责任感和奋斗精神。

通过深入探究和精准践行社会主义核心价值观，更有效地激励大学生追求个人梦想。这一过程不仅有助于深入理解大学生的特点，而且有助于促进其社会地位的提升，进而推动其成长。为了促进大学生的成长，我们应致力于发现并解决他们在成长过程中遇到的问题。例如，加强对经济困难学校的支持，增加其资金来源，提升其教学水平；建立就业平台，提供专业培训，帮助大学生规划未来；同时，提供有效的职场培训，帮助他们更好地适应社会，提升竞争力。关注大学生的心理健康，提升其道德修养，使其树立正确的价值观。通过深入分析社会热点和国内外形势，帮助大学生认识国家未来，把握机遇，认识自身优势和时代挑战，努力走向成功。从大学生的角度出发，深入理解他们的日常需求，帮助他们摆脱迷茫情绪，提供有效帮助，激发他们对社会主义核心价值观的认同感和实践的积极性。

三是在文化传承中提升新时代大学生的文化素养。"大学之道，在明明德，在亲民，在止于至善。"（《礼记·大学》）真正的成长、成才之路不仅在于掌握规律、追求真理、理解道理，更在于不断完善道德品质的恒心与行动。高校教育应致力于加强青年大学生的历史意识，提升大学生的文化素养，帮助他们树立正确的历史观和价值观。在新时代大学生社会主义核心价值观培育的过程中，高校需将专业教育与社会主义核心价值观培育相结合，综合运用自身在历史、文学、哲学等学科方面的优势，重视从优秀传统文化中挖掘文化内涵和道德因素，并进一步丰富其内涵和形式。同时，应切实发挥高校的文化育人功能，在专业课程中使青年大学生树立马克思主义观点、历史唯物主义观点，帮助青年大学生正确认识中华历史，传承并弘扬优秀传统文化，增强爱国情怀和社会责任感。

随着科技的持续进步，互联网已成为一种重要的现代传播媒介。然而，其迅猛发展也带来了诸多负面影响。为了更有效地传播正确理念，必须积极探索多种方法，全面把握互联网的特点，发挥其优势，同时识别并弥补其不足。为了更有效地指引大学生，应高度关注并正确运用互联网，培养大学生的社会责任感；鼓励他们广泛接触信息，经常阅读相关资料，以增强信息获取能力。此外，应努力为他们营造健康的成长环境，促进其成长。通过建设专业团队，由辅导员以及思想政治理论、心理健康、形势与政策和计算机等多领域专家共同参与，深入挖掘大学生的潜能，提升其素质，增强其社会责任感和创新能力，激发其自主性，增进其对社会的了解，增加对社会的贡献，有效推动社会进步，确保新一代大学生身心全面发展。

### 3.4.3 重视理论学习与实践相结合

学习的最终目标是实践。大学生学习科学文化知识，旨在更好地服务于社会主义建设事业。然而，这一过程必须在社会主义核心价值观的指导下进行，否则科学文化知识可能被误用，对社会产生负面影响。因此，对培育和践行社会主义核心价值观两个环节应给予同等重视。当前大学生在实践环节的参与度不足，应将理论知识学习与实践相结合，使社会主义核心价值观"活"起来，加强大学生在实践中的"主人公"意识。

首先，注重营造实践场景。为了提升大学生的实践能力，必须为其营造一个能够锻炼实践能力的学习场景。以计算机专业为例，应将更多课程学习设置在机房中进行，使学生可以边学习、边实践，从而取得更好的学习效果。

其次，注重实践类比赛。历史经验表明，实践类比赛对提升大学生的动手实践能力有积极影响，高级别和普通级别的比赛均能提升大学生的实践能力，参赛经历较多的大学生往往实践能力较强。

最后，加强与行业领域的合作。与行业领域的合作有助于提升大学生的实践能力，许多高校与行业企业建立了紧密联系，一些大型科技公司在高校设立了实验室，为大学生提供实践机会。

良好的学习氛围是学校发展的基础，是教育理念和师生精神的体现。应围绕"培养什么人、怎样培养人、为谁培养人"，努力营造具有特色的学术氛围，以提高人才培养质量，坚持育人的初衷，帮助大学生成长为更优秀的人。为了实现"四个回归"❶，必须重新审视"培养人"的核心目标，并将人才培养质量和效果作为衡量工作成果的基础。因此，高校应重新审视自身的发展方向，将教学、科研等活动紧密结合起来。

一是阐述奋斗精神。青春是奋斗的时光，奋斗的青春最显光彩。通过不懈努力，培养出一批有志向、有决心、敢于挑战、乐观向上的青年。开展"奋斗精神培养"大讨论，各学院党委书记、院长讲授专题学风课程，强调奋斗精神培育和学风建设。发挥典型示范作用，邀请杰出校友、在校优秀师生、社会各界奋斗典型，通过讲座、沙龙、研讨会等形式分享经历、讨论奋斗，以事例感染、触动、启迪学生。强化日常教育引导，发挥专职辅导员、兼职班主任、职能部门干部师生联系制度的作用，倾听学生诉求，引导学生成长。发挥学业导师的教育作用，为了更好地满足学生需求，应重点关注专业的培养目标、教学计划、课程安排以及学生毕业后的发展方向；帮助学生制定和监督学业规划，增强其实际应用技能。此外，还要努力营造良好的校园氛围，丰富文体活动，利用社交媒体进行宣传，

---

❶ "四个回归"即回归常识、回归本分、回归初心、回归梦想。

使社会主义核心价值观和道德观得到更好的体现。

二是引导学生刻苦学习。首先,引导学生做好大学生涯规划。大学生涯规划是大学生的成长蓝图,组织"大学生涯规划大赛"等活动,将学生生涯规划纳入新生入学教育及大学生成长与发展课程体系,帮助学生科学、有效地确定学业生涯和职业生涯。其次,规范课堂行为准则。为了端正学生课堂行为,可举办讨论会,并要求学生签名。新生入学后,发放《学生手册》,并对学习成果进行评估,加强课堂礼仪教育,推广"无手机课堂",引导学生严格遵守课堂纪律,坚持贯彻听课制度,学院领导、学业导师、辅导员每学期进课堂听课不少于4课时。再次,搭建读书学习平台。通过举办各种读书活动,建立书香校园;定期向学生推荐优秀书籍,鼓励学生参与阅读和评论活动;设立学习区和读书区,帮助学生拓宽视野,培养学习兴趣。最后,指导学生养成良好的阅读习惯。为了帮助学生平衡游戏、娱乐和学习,应定期安排夜间值班教师检查学生睡眠情况,帮助他们养成良好的作息习惯,做到早睡早起、合理上网,走出宿舍、走向操场。

三是培养学生勇于实践的精神。积极推进以实践创新为核心的第二课堂教育,以拓宽学生的视野。首先,丰富校园文化活动。为营造正能量环境,应举办多样化的校园文化活动,如文化艺术节,并推动文明宿舍建设,这些活动有助于营造积极、乐观、进取的校园氛围。其次,为促进第二课堂的有效运作,应积极组织各类实践性教学活动,如社区调研、环保宣传、科普宣传、勤工俭学、文艺演出、体验式培训等,以期为社会作出更多贡献。最后,应加强对第二课堂的支持力度。以"互联网+""创青春""挑战杯"等赛事为依托,整合课程、队伍、平台、资源、机制等环节,教务处、创新创业教育学院、研究生院、合作发展处、校团委等多部门协同合作,各学院积极推进"一院一品"工作,构建创新实践文化体系。

四是培养学生争做爱国青年。爱国精神是人类情感的根基,是个人成就伟大事业的基础。首先,应培养学生的责任感和使命感。

为了更好地培育和践行社会主义核心价值观，应关注"学什么""怎样学"，帮助学生确立正确的人生目标。其次，应定期举办具有深厚历史文化底蕴的教育活动，借助传统节假日、重要事件、学期末、毕业典礼等时机，增强学生的爱国情感。特别是在新生入学之初，开展"我和我的祖国"主题教育，结合新时代大学生的思想特点对其进行教育引导。

五是培养学生争做诚信青年。青年应不断追求真理、善良、美好，并培养高尚品德和纯洁情感。首先，开展诚信主题教育。定期以班会、沙龙、讲座等形式，引导学生诚信为人、诚实做事，弘扬学习诚信和学术诚信，培养学生诚实守信的品质。其次，严格考风考纪。加大考风考纪宣传力度，对考试作弊者按规定严肃处理。最后，加强学术诚信建设。为了提高学术道德水平，应定期举办在线学习活动，并公布学术失范和违纪情况；发布警示教育材料，并完善论文抽查机制，以加强对学术不端行为的惩处。

六是培养学生争做有为青年。拥抱梦想、具备能力、承担责任是新时代青年的必备素质。首先，引导学生励志。加大对励志典型的培育和宣传，做好奖励表彰，形成"人人学励志、人人要励志"的氛围。其次，引导学生求真。集中力量打造"金专""金课"，发挥课堂的教育引导作用，培育学生的批判精神以及探索、创新精神，引导学生求真理、悟道理、明事理。最后，引导学生实干。在课程设置中加强对社会实践的重视，并制定有针对性的学时安排、学分制度及资金支持计划。将这些活动作为重点，作为指导学生发展的指南。

七是构建学风建设的长效机制。良好的学习氛围源于教师和学生的共同努力，而这种努力的基础是学校的教育目标和管理水平。首先，推动形成全员育人体系，建立齐抓共管促学风的良好生态。通过橱窗、网络媒介、报纸、电台和微信平台等多种宣传形式，从不同角度和层面推广学术理念；借助学生会、社区成员、社区小组等社区资源，推动学术成长；通过深入研究各类优良榜样，树立全体教职工和学子的榜样。其次，构建良好的师风、教风、研风。通过完善的教师资格认证制度，让师德教育贯穿教师职业生涯；完善教风考核体系，从课堂教学氛围、表现、管理、秩序及教学实践情况等多维度衡量教师素质；实施一票否决制，衡量教师道德水平；推动学者积极参与课堂，培育创新能力，以培养更多具有创新精神的人才。最后，为了更好地发挥中国特色高校教学体系的作用，加强"守好一段渠、种好责任田"思政课学习和实践，必须将这一理念融入思政课的学习中，以此为指导，不断改进和完善思政课体系建设。高校应明确各课程的培养目标及其职能，鼓励"课程思政"教学方案的实施，使各课程体现培养理念，让每位教师受益。

### 3.4.4 重视学生干部和学生党员的引领与示范作用

榜样的力量在许多情况下都能发挥重要作用，以个体带动群体，学生干部和学生党员群体是最佳选择。在现实中，需要从以下方面进行强化。

**1. 重视学生干部的选拔过程**

在选拔学生干部时，应坚持原则立场，严格筛选，以学生自身能力和品德为基础，避免其他客观因素的干扰。同时，任用方式应多样化，如自荐、互荐、选举等，以最大限度地发掘人才，并采取差额选举，确保过程公开透明，这样产生的学生干部才能获得学生的广泛认可与信任。

学生干部的思想政治水平至关重要，对选出的学生干部应及时进行培训和理论学习，充分发挥高校的作用，使学生干部深入了解党的路线、方针、政策和理论，不断提升理论水平，从而更好地引导和管理其他学生，潜移默化地影响其他学生。

**2. 加强对学生干部的管理**

学生干部的选拔只是初步环节，后续的培训、学习和管理同样不可或缺。加强管理不仅能预防不良风气的产生，还能增强学生干部的责任感和使命感。对学生干部的管理可从以下三个方面进行：首先，对学生干部施加适当压力。在充分信任学生干部的同时，也应施加适当压力，制定工作指标，要求其在固定时间内完成一定任务量，并进行考核评价。在此过程中，学生干部能够了解自身实际能力，并在适应压力的过程中不断进步。其次，鉴于实践在个人发展中的重要性，社会主义核心价值观的实践尤为重要。学生干部在完成工作的同时，应与时俱进，提高自身的实践能力，增强学生的信服感和认同感。最后，应采用多元化的监督管理方式和渠道，并制定相关制度，可从生活组织、思想政治、考核评比等方面入手。多元化的监督方式不仅有利于管理，也有助于防止不良风气的形成，确保学生干部队伍的有效建设。

### 3.4.5　深入开展思想教育工作

深入开展大学生思想教育工作，提高大学生的道德修养，培养大学生的正能量，让他们更好地理解和践行习近平新时代中国特色社会主义思想，为建设更加美好的未来不懈努力。只有坚定理想信念、志存高远、脚踏实地、敢于担当，在实现中国梦的实践中放飞理想，在为维护人民利益的不懈斗争中谱写生命华章，才能让更多的青年受益。

一是突出引领作用，全方位贯彻新理念、新思想。习近平新时代中国特色社会主义思想的重要性不言而喻，要切实将其融入大学生价值观教育中，纳入思想政治教育、马克思主义基本原理等课程。充分利用集中教学，详细讲解其时代背景及深刻内涵，并将相关思想渗透进去，促使新时代大学生不断增强对重要思想的认知、认同。为了让大学生更好地理解并将所获取的知识付诸实践，高校教育工作者应该采取多种多样的教育手段，如举办讲座、发表演讲、开展专业性的课堂活动、编辑自己的教育读物、编辑自己的教育笔记，将所获取的知识融入教学中，让其真正落地生根发芽。

二是以人为本，创新大学生思政教育及管理工作方法。创新大学生思政教育及管理工作方法，要在具体的实际行动中加以体现，通过开展形式多样的实践活动，如暑期社会咨询服务、宣讲、捐赠等，让大学生深切地领会习近平新时代中国特色社会主义思想，提升他们的决策能力和行动能力；采取更加有效的措施来指导大学生，使他们更加深刻地理解、认识、体验党的路线、方针、政策，并且以"奖、评、选"等有效方式来唤醒他们的热忱，鼓舞他们勇于担当、勇于拼搏，进而为实现中华民族伟大复兴中国梦贡献力量。

三是树立大局观，在具体工作方式上讲求协调。高校教育工作者在思想政治及学生管理工作中要从全局着眼去思考问题，将自己的行为放在整个学校教学育人的全局中进行谋划。要善于沟通协调，一方面要协调好学校与家长在培养学生方面担负的不同责任；另一方面要协调好各职能部门发挥的不同作用，共同制定大学生学习贯彻习近平新时代中国特色社会主义思想的工作规划，努力营造团结、和谐、融洽的学习育人环境。

四是"以我为主"，以良好的心态开展工作。首先，学生思想政治教育及管理工作烦琐、繁杂且默默无闻，这种工作性质要求高校教育工作者要能耐得住寂寞，遇事要不急不躁，耐心分析背后的原因，不厌其烦地做好宣传解释工作。其次，对工作要有饱满的热情和经久不衰的激情，努力提升职业素养，秉持以人为本的理念，弄清楚每一个学生的思想状况、个人成长需求等，主动与学生打成一片，积极帮助其解决遇到的困难，有的放矢地做好思想教育与日常管理工作。

五是善于学习，以开放的思维加强学生管理工作。在实践中，高校教育工作者应该以开放的态度和科学的方法去探索和实践。应该拓宽视野，以全面的视角去审视当前的学校管理和教育现状，并在此基础上提出独到的观点和建议。同时，要善于学习先进的理念，遇到问题要不耻下问、善于借鉴；工作不能照抄照搬他人的模式，要特别注意结合本校实际情况，兼收并蓄地消化吸收，把他人好的工作经验转化为自己的；要有忧患意识，做到防微杜渐，在实际工作中要多听、多看、多想，及时改进工作方法。

六是加强交流沟通，共享学习及学生管理工作成果。在新时代，高校教育工作者应善于使用各个领域之间的学术交流平台，并采取更多的措施来提高自身的学术水平。学习和落实并非易事，需要长期坚守，并在学习过程中进行反复检验；要定期检查自身的行为和观点，确保其符合主流价值观念；要有奉献精神和服务精神，发挥好传帮带作用，及时共享工作经验及学习成果，与其他教育工作者共同成长。

### 3.4.6　遵循"四个服务"的方向

"四个服务"，即教育要为人民服务、为中国共产党治国理政服务、为巩固和发展中国特色社会主义制度服务、为改革开放和社会主义现代化建设服务，这一重要论断为当今社会的高校教学提供了坚实的理论基础和实践指南。

2016年12月8日，习近平总书记就如何推动我国教育事业的发展作出重要指示。他指出："我国高等教育发展方向要同我国发展的现实目标和未来方向紧密联系在一起，为人民服务，为中国共产党治国理政服务，为巩固和发展中国特色社会主义制度服务，为改革开放和社会主义现代化建设服务。"❶

"四个服务"为"为谁培养人"这一教育根本问题搭建了重要框架，从国家战略、社会发展、人民需求等维度，为中国教育的可持续性发展与具体实践操作提供了关键参考依据。它将教育使命与国家发展紧密相连，四项基本原则相互协同、相互促进，为中华民族高等教育事业的蓬勃发展筑牢根基，不仅为推动我国教育事业进步提供了重要理论支撑，更为科学评估教育质量构建起全面的参考体系。

---

❶ 习近平在全国高校思想政治工作会议上强调：把思想政治工作贯穿教育教学全过程　开创我国高等教育事业发展新局面［N］. 人民日报，2016-12-09（01）.

所有高校都应积极响应"四个服务"的号召,主动融入教育国际化趋势。在人才培养上,聚焦教育核心课题,致力于培养具备广阔国际视野、卓越创新精神和强大实践应用能力的科研工作者,他们能够站在全球高度思考问题,以知识与智慧为社会发展提供智力支持;着力培育具备国际竞争力的创新型公共政策执行者,使其能够在复杂多变的国际环境中,精准落实国家政策,推动社会高效治理;大力塑造国际化的公共关系专家,通过专业的沟通与协调能力,讲好中国故事,提升中国在国际舞台上的影响力;持续打造国际化的公共政策执行者,使其既能深刻理解中国特色社会主义制度优势,又能熟练运用国际规则,为我国在国际事务中发挥更大作用贡献力量。通过这些努力,构筑具有鲜明中国特色、跻身国际顶尖行列的高等学府,从而更好地培育新时代大学生的社会主义核心价值观,培养出一批又一批既扎根中国大地,又能勇立时代潮头,担当民族复兴大任的时代新人,让社会主义核心价值观在青年一代心中生根发芽、开花结果,为实现中华民族伟大复兴的中国梦凝聚磅礴力量。

# 第四章 高校层面的价值观分析

## 4.1 从高校层面分析新时代大学生培育和践行社会主义核心价值观现状

### 4.1.1 高等教育事关民族发展和国家未来

在 2018 年 9 月 10 日的全国教育大会上，习近平总书记指出："培养什么人，是教育的首要问题……我国是中国共产党领导的社会主义国家，这就决定了我们的教育必须把培养社会主义建设者和接班人作为根本任务，培养一代又一代拥护中国共产党领导和我国社会主义制度、立志为中国特色社会主义奋斗终身的有用人才……这是教育工作的根本任务，也是教育现代化的方向目标。"[1]

国家发展的基石是教育，国家发展的动力是人才。为实现"两个一百年"奋斗目标，我们必须深刻认识到，唯有培养出顺应时代需求的人才，方能推动国家繁荣富强、中华民族伟大复兴。大学是为中华民族未来奠基的重要阵地，其教学质量和管理水平的提升将对整个国家的进步产生深远的影响。

### 4.1.2 高校教育中思想道德教育的重要性

在当前的高校教育体系中，马克思主义的指导地位是稳固的。

---

[1] 习近平.习近平著作选读：第二卷[M].北京：人民出版社，2023：195.

"思想道德修养"与"法律基础"作为必修的政治理论课程,承担着培养社会主义接班人的重任,成为新时代大学生培育和践行社会主义核心价值观的关键平台。大学校园文化作为高校核心竞争力的重要组成部分,相较于十年前已经实现了巨大的飞跃与突破。众多新颖的教育理念与模式被引入课堂,随着国家对高等教育改革的不断深化,高校越来越重视校园文化在人才培养中的作用,并加大了校园文化建设的力度。大学生作为受教育程度较高的群体,学校教育是其成长成才的主要阵地。如果大学生的思想道德修养出现滑坡,将深刻影响社会的未来发展走向。自党的十八大以来,以习近平同志为核心的党中央高度重视高等教育的发展,教育经费投入持续增长,特别是高等教育经费的投入显著增加。针对新形势下的高校思想政治工作,习近平总书记在不同场合多次作出一系列重要论述,这些论述为高校思想政治工作的开展提供了明确的方向。习近平总书记强调:"培养什么人、怎样培养人、为谁培养人是教育的根本问题,也是建设教育强国的核心课题……坚持改革创新,推进大中小学思想政治教育一体化建设,提高思政课的针对性和吸引力。提高网络育人能力,扎实做好互联网时代的学校思想政治工作和意识形态工作。"❶

### 4.1.3 高校教育中多元价值观念的复杂性

在新时代背景下,我国经济社会的快速发展与深刻变革不仅重塑了物质生产格局,也在精神文化领域引发强烈震动。当前,我国正处于经济转型升级与社会结构调整的关键期。市场经济的深化发展在释放社会活力的同时,也催生出功利主义、实用主义等价值取向;全球化浪潮加速了不同文明间的交流互鉴,西方个人主义、消费主义思潮随之涌入;互联网技术的普及打破了信息传播壁垒,自

---

❶ 习近平主持中央政治局第五次集体学习并发表重要讲话 [EB/OL]. (2023-05-29) [2024-12-25]. https://www.gov.cn/yaowen/liebiao/202305/content_6883632.htm.

媒体时代的碎片化信息传播使各种价值观以去中心化的方式快速扩散。这些因素相互交织，在社会层面形成多元价值观念并存的复杂局面。

高校作为人才培养的主阵地，天然具有开放性与包容性，加之大学生群体思想活跃、接受新事物能力强，使得校园成为多元价值观念传播的"放大器"。当学生离开以应试教育为主导的基础教育阶段，进入强调自主发展的高校环境时，其价值观塑造进入"再社会化"的关键阶段。在此过程中，尚未完全成熟的价值判断体系极易受到外部多元观念的冲击，进而引发价值认知的混乱与矛盾。高校作为社会思潮交汇的前沿阵地，正经历着多元价值观念的剧烈碰撞与深度融合，这一现象深刻影响着大学生价值观的形成与发展。

**1. 价值取向的功利化倾向**

市场经济的竞争法则在校园内衍生出功利主义思维，部分大学生将学习视为获取现实利益的工具，过度关注证书考级、实习履历等"硬指标"，忽视了人文素养与精神品格的培养。这种功利化倾向还体现在人际交往中，表现为"有用即交往"的实用主义社交逻辑，导致部分高校校园人际关系趋于冷漠与功利化。

**2. 个人主义与集体主义的价值冲突**

西方个人主义强调自我实现与个体权利，与我国传统集体主义价值观形成鲜明对比。部分大学生在接受个人主义思想时，未能把握适度原则，出现极端化倾向，表现为集体活动参与度低、社会责任感淡薄，甚至将个人利益凌驾于集体利益之上。这种价值冲突不仅影响班级凝聚力建设，也削弱了部分大学生对社会主义核心价值观中"爱国、敬业、诚信、友善"的认同感。

**3. 消费主义对价值观的侵蚀**

消费主义文化通过社交媒体、网红经济等渠道渗透校园，诱导大学生盲目追求物质享受，形成攀比消费、超前消费等不良风气。数据显示，大学生非理性消费行为发生率逐年上升，部分大学生因沉迷虚拟消费导致经济压力剧增，甚至陷入校园贷陷阱。这种物质主义倾向严重冲击了勤俭节约、艰苦奋斗的传统美德，扭曲了大学生的生活态度与价值追求。

**4. 网络亚文化的价值解构效应**

互联网催生的亚文化群体（如"饭圈"文化、二次元文化等）在丰富校园文化的同时，也存在价值解构的消极影响。部分亚文化通过戏谑、调侃等方式影响主流价值，以极端化、情绪化的表达冲击理性思考，容易使部分大学生产生对主流价值观的误解与疏离。例如，网络流行的"躺平""摆烂"话语，本质上是对奋斗精神的消极否定，与社会主义核心价值观倡导的积极进取理念背道而驰。

多元价值观念的复杂性给高校价值观教育带来了前所未有的挑战。首先，部分高校以单向灌输为主的传统思政教育模式难以应对多元价值观念的激烈竞争，部分大学生对说教式教育有抵触情绪；其次，教师群体在价值引导过程中面临双重压力——既要尊重学生的思想自由，又需防范错误思潮的侵蚀，教育尺度的把握难度显著提升；最后，部分高校课程体系与评价机制尚未完全适应新时代要求，价值引导与专业教育存在"两张皮"现象，未能形成协同育人效应。

更为严峻的是，部分高校对网络意识形态阵地建设重视不足，导致错误价值观在虚拟空间传播。一项针对大学生网络行为的调查显示，有些大学生表示曾在社交平台接触过与主流价值观相悖的言论。这种现状凸显出高校在价值观教育的时效性、针对性和创新性方面仍存在较大提升空间。

## 4.1.4 高校培育和践行社会主义核心价值观的必要性

在中华民族伟大复兴战略全局和世界百年未有之大变局交织激

荡的新时代背景下，高校作为人才培养的主阵地、思想文化的创新源和社会进步的助推器，培育和践行社会主义核心价值观不仅是落实立德树人根本任务的关键举措，更是服务国家战略需求、应对全球价值竞争的必然选择。这一实践深刻关联着国家发展、民族未来与青年成长，其必要性体现在时代使命、根本任务与发展需要的多维层面。

**1. 服务国家战略发展的时代使命**

当前，我国已全面建成小康社会，正朝着全面建成社会主义现代化强国的目标稳步迈进。在这一进程中，高等教育的基础性、先导性、全局性作用愈发凸显。教育、科技、人才是全面建成社会主义现代化强国的基础性、战略性支撑，而高校作为教育链、人才链与创新链中的关键节点，肩负着为国家输送高素质人才、服务高质量发展的历史重任。

从国家发展战略需求来看，社会主义现代化建设需要大批既有扎实专业能力，又具备坚定理想信念、高尚道德情操的复合型人才。社会主义核心价值观作为当代中国精神的集中体现，涵盖了国家层面的价值目标、社会层面的价值取向和公民个人层面的价值准则，能够为大学生提供清晰的价值坐标与行为指引。例如，在科技创新领域，既需要科研工作者具备"爱国、敬业"的奉献精神，也需要他们恪守"诚信、友善"的学术道德，这正是社会主义核心价值观在实践中的生动体现。高校通过培育和践行社会主义核心价值观，能够引导大学生将个人理想融入国家发展大局，成为担当中华民族伟大复兴大任的时代新人。

从全球竞争格局来看，意识形态领域的斗争从未停歇，西方价值观通过文化产品、网络舆论等渠道不断渗透。高校作为思想文化交流交融交锋的前沿阵地，迫切需要以社会主义核心价值观筑牢思想防线，增强青年大学生的文化自信与价值定力。只有培养出政治坚定、德才兼备的人才，才能在激烈的国际竞争中掌握主动权，维护国家文化安全与意识形态安全。

## 2. 落实立德树人根本任务的必然要求

"培养什么人、怎样培养人、为谁培养人"是教育的根本问题，也是高校工作的出发点和落脚点。社会主义核心价值观的培育与践行，正是解决这一根本问题的重要路径。

从教育本质来看，高校不仅是知识传授的场所，更是价值塑造的殿堂。思想政治教育作为落实立德树人根本任务的关键环节，通过将社会主义核心价值观融入教育教学全过程，能够帮助大学生树立正确的世界观、人生观和价值观。例如，在专业课程中融入家国情怀教育，在社会实践中强化责任担当意识，在校园文化活动中弘扬中华传统美德，能够使大学生在潜移默化中实现价值内化。这种"润物细无声"的教育方式既符合青年的成长规律，又能有效提升教育的针对性与实效性。

从人才培养目标来看，新时代对人才的要求不仅限于专业技能，更强调综合素质与价值引领能力。社会主义核心价值观倡导的"有理想、有本领、有担当"，与"四有"好老师标准、"四个引路人"要求一脉相承，共同构成了新时代人才培养的价值标尺。高校通过构建全员、全过程、全方位育人体系，将社会主义核心价值观融入课程教材、师资队伍、管理服务等各个环节，能够培养出德才兼备、全面发展的社会主义建设者和接班人。

## 3. 推动高等教育高质量发展的现实需要

当前，我国高等教育已进入普及化阶段，正从规模扩张向内涵式发展转型。在这一背景下，培育和践行社会主义核心价值观成为推动高等教育高质量发展的重要抓手。

从高校自身发展来看，社会主义核心价值观的培育有助于提升校园文化软实力。通过建设以社会主义核心价值观为引领的校园文化，能够营造积极向上的育人环境，增强师生的凝聚力与归属感。例如，开展"红色文化进校园""榜样力量"评选等活动，能够激发大学生的奋斗精神；建设书香校园、文明校园，能够提升大学生的文化素养与道德品质。这种文化浸润式教育，能够为高校发展注入持久动力。

从教育改革创新来看，社会主义核心价值观的践行要求高校不断创新育人模式。在"大思政"格局下，高校需打破学科壁垒，推动思政课程与课程思政同向同行；需运用新媒体技术，增强价值观教育的吸引力与感染力；需深化校地、校企合作，拓展实践育人平台。例如，利用虚拟现实技术开展红色教育，通过"青年红色筑梦之旅"活动助力乡村振兴，都是将社会主义核心价值观融入教育教学实践的创新探索。

从服务社会发展来看，高校作为社会思想文化的高地，肩负着引领社会风尚的重要责任。通过培育和践行社会主义核心价值观，高校能够为社会输出具有正确价值导向的人才，推动形成良好社会风气。同时，高校师生还可以通过理论宣讲、志愿服务等方式，将社会主义核心价值观传播到社会各个领域，发挥示范引领作用。

综上所述，高校培育和践行社会主义核心价值观既是落实国家战略、服务民族复兴的时代要求，也是落实立德树人根本任务、推动高等教育高质量发展的内在需要。在新时代背景下，高校必须深刻认识这一工作的重要性与紧迫性，以更大的决心、更实的举措，将社会主义核心价值观融入教育教学全过程，为培养担当民族复兴大任的时代新人作出更大贡献。

## 4.2 从高校层面分析新时代大学生培育和践行社会主义核心价值观存在的问题

### 4.2.1 部分高校教育载体方式传统化：难以匹配数字"原住民"的认知需求

在移动互联网与数字技术深度重构信息传播生态的当下，短视频、直播、社交媒体等新媒体形态以其碎片化、强交互、富趣味的特性,成为大学生群体获取信息、进行娱乐休闲的主要渠道。相关调查显示,大学生日均使用新媒体时长超过 6 小时,其中短视频平台渗透率高达92%。然而,与之形成鲜明对比的是,部分高校在社会主义核心价值观教育过程中,仍普遍沿用以课堂讲授为主的传统载体模式,教育手段呈现出滞后性特征。

这种传统化倾向具体表现在三个层面:其一,教学形式固化,主要依赖教师单向知识输出,忽视了大学生作为数字"原住民"对互动性、体验性学习的需求;其二,内容呈现方式单一,多以文字教材、理论课件为主,缺乏将抽象价值观转化为可视化、故事化、场景化内容的创新能力;其三,教育平台封闭,未能有效利用抖音、B 站、微信公众号等新媒体阵地,导致主流价值传播与大学生日常媒介接触场景脱节。例如,某高校的课堂观察数据显示,在传统思政课上,大学生主动参与讨论的比例不足 15%;而使用新媒体开展主题教育活动时,大学生参与度可提升至 60% 以上,这一数据深刻反映出载体革新的迫切性。

### 4.2.2 部分高校培育路径单一化:难以适应网络时代的育人需求

当前部分高校社会主义核心价值观培育体系仍呈现出线性化、单向化特征。教育过程主要依靠教师主导的课堂教学,尚未形成课堂教学、实践活动、网络育人、文化浸润协同发力的立体化格局。在具体实施中,存在以下问题:

第一,在师资方面,部分教师对新媒体技术的应用能力不足,未能将大数据分析、虚拟现实、人工智能等新技术融入教学实践。据教育部调研,仅有 38% 的高校教师能够熟练运用两种以上新媒体工具开展教学。同时,高校普遍缺乏专业化网络思政工作队伍,尚未建立起集内容创作、舆情监测、互动引导于一体的网络育人机制。

第二,在实践活动方面,仍以参观红色教育基地、主题讲座、征文比赛等传统形式为主，活动设计缺乏时代感与创新性。例如，某省高校实践活动调研显示，76%的大学生认为现有活动"形式老套，缺乏吸引力"。这种单一化培育路径难以回应网络时代大学生个性化、多元化的成长需求，导致价值观教育难以入脑入心。

### 4.2.3 部分高校培育成果低效化：理论与实践脱节的双重困境

部分高校社会主义核心价值观培育工作存在"高投入低产出"现象，教育实效性亟待提升。这一问题主要体现在以下两个维度。

**1. 实践教学方法失当**

部分教师受传统教学思维束缚，仍采用"填鸭式""灌输式"教学方法，将价值观教育简化为理论条文的机械背诵。这种教学方式既未能结合大学生生活实际创设真实情境，也缺乏对大学生主体能动性的激发，导致课堂沦为"沉默的大多数"。例如，某高校学生问卷调查显示，43%的大学生认为思政课堂"内容枯燥，与现实脱节"，62%的大学生希望增加案例教学、项目式学习等实践环节。

**2. 教学思维固化局限**

我国高校教师队伍普遍存在"从学校到学校"的成长路径，缺乏社会实践经历与行业一线经验。这种知识结构缺陷导致部分教师在价值观教育中，难以将抽象理论与鲜活的社会现实有机结合，教学内容呈现出"重理论阐释、轻实践指导"的倾向。据统计，全国高校思政课教师中具有两年以上企业或基层工作经历的不足20%。教学思维的固化，使得价值观教育难以触及大学生思想深处，削弱了教育的感染力与说服力。

### 4.2.4 部分高校校园文化结构性失衡：物质与精神的价值偏离

校园文化作为价值观教育的隐性载体，在大学生价值观塑造中发挥着潜移默化的作用。然而，当前部分高校校园文化建设存在结构性失衡问题，具体表现为物质文化与精神文化发展的错位。

在物质文化建设方面，一些高校陷入"硬件崇拜"误区，盲目追求校园建筑的现代化、景观的规模化。相关数据显示，近五年全国高校基建投入年均增长12%，但校园文化标识系统、文化场馆等内涵建设投入仅占总预算的8%。这导致部分校园环境同质化，丧失了独特的文化辨识度。例如，某高校校园文化调研显示，65%的大学生认为本校校园缺乏文化特色，难以产生情感共鸣。

在精神文化培育方面，存在"重形式轻内涵""重活动轻品牌"的问题。部分高校将精神文化建设等同于举办文艺晚会、体育比赛等活动，未能将社会主义核心价值观融入校园精神传统、校风校训、制度规范等深层文化要素。据不完全统计，全国仅有23%的高校形成了具有广泛影响力的校园文化品牌项目，精神文化建设的系统性、持续性不足，构建社会主义核价值观培育的长效机制需要进一步加强。

## 4.2.5 部分高校社会主义核心价值观氛围淡化：理论与实践相结合困境

社会主义核心价值观在高校的传播与践行，面临着理论抽象性与实践具象化之间的矛盾，具体表现为以下三个层面的困境。

**1. 融入深度不足**

作为社会意识形态的理论凝练，社会主义核心价值观具有较强的抽象性，如何将其转化为大学生可感知、可认同的具体内容，是教育实践中的关键问题。当前，一些高校仍停留在标语宣传、文件传达等表层融入阶段，未能将社会主义核心价值观深度嵌入课程体系、管理制度、服务流程等教育教学全过程。例如，某省高校思政教育评估显示，仅有15%的高校建立了将社会主义核心价值观融入专业教学的课程标准。

**2. 品牌建设缺失**

虽然社会主义核心价值观宣传已实现校园全覆盖,但一些高校未能结合本校历史传统、学科特色,打造具有辨识度与感染力的文化品牌。调研发现,83%的大学生能够完整复述"二十四字"内容,但仅有27%的大学生能准确阐释其内涵。这种"口号化"传播方式,导致社会主义核心价值观未能真正内化为大学生的价值认同与行为自觉。

**3. 长效机制不完善**

价值观教育是一项长期性、系统性工程,但部分高校存在"运动式""阶段性"推进的问题,未能建立起政策保障、资源投入、考核评价相统一的长效机制。据教育部评估数据,一些高校未能将价值观教育成效纳入院系考核指标体系,制度保障的不足直接影响了教育工作的持续性与稳定性。

综上所述,部分高校在新时代大学生社会主义核心价值观培育工作中,面临着教育载体滞后、培育路径单一、成果转化低效、文化建设失衡、氛围营造不足等多重挑战。破解这些难题,需要这些高校以系统思维推进育人模式创新,构建理论与实践结合、传统与现代融合、显性与隐性协同的全方位培育体系,切实提升价值观教育的时代性、针对性与实效性。

## 4.3 从高校层面分析新时代大学生培育和践行社会主义核心价值观存在问题的原因

### 4.3.1 多元文化激荡下的价值认知冲突

在全球化与信息化深度交融的时代背景下,多元文化的传播与碰撞对大学生价值观形成产生了深刻影响。当代大学生成长于互联网快速发展的环境中，通过书籍、报刊、广播电视以及社交媒体等多元渠道，能够便捷地接触到国内外的不同思想文化与价值观念。这种信息获取的开放性与便捷性，一方面拓宽了大学生的认知视野，另一方面也带来了价值判断的复杂性。

**1. 文化多元化导致价值取向分化**

随着国际文化交流日益频繁，西方个人主义、享乐主义、功利主义等思潮通过影视作品、网络文学、社交媒体等载体大量涌入校园。与此同时，我国传统文化中的优秀价值理念与现代社会发展形成的新型价值观相互交织，共同构成多元文化格局。这种复杂的文化生态使大学生在个人发展规划、政治立场确立以及人际交往等方面呈现出多元化的认知倾向。相关调查显示，一些大学生表示曾受到西方个人主义价值观影响，在集体利益与个人利益发生冲突时倾向于优先考虑个人需求。

**2. 文化冲突提升价值判断难度**

经济全球化进程加速了不同文化之间的碰撞与冲突，这种冲突在高校场域内集中表现为大学生传统价值观念与现代文化思潮的矛盾。部分大学生对传统文化缺乏深入了解，对社会主义核心价值观倡导的集体主义、奉献精神等理念认同度不足。在面对西方文化中强调的个体自由与权利时，容易产生价值认知偏差，导致价值评价标准模糊化。例如，在关于职业选择的调查中，一些大学生将薪资待遇和个人发展空间作为首要考虑因素，而对职业的社会价值关注度较低。

**3. 网络文化带来的价值观念冲击**

互联网的普及使大学生成为网络文化的主要参与者和传播者。然而，网络空间中良莠不齐的文化内容对部分大学生价值观的形成产生了负面影响。一些低俗、暴力、扭曲的网络亚文化通过短视频、网络直播等形式传播，主流价值观念受到一定的影响；部分西方势力利用网络平台进行意识形态渗透，传播错误思想观点。部分大学生由于社会阅历不足、价值判断能力尚未成熟，容易受到这些不良文化的影响。

## 4.3.2 社会现实问题引发的价值困惑

大学生正处于价值观形成的关键时期，其价值观念极易受到社会现实问题的影响。当前我国正处于社会转型期，各种深层次矛盾和问题凸显，这些现实问题在一定程度上影响了部分大学生对社会的认知和价值判断。

**1. 一些社会矛盾影响了价值认同**

在社会主义市场经济发展和改革开放深入推进过程中，我国在医疗、教育、就业、收入分配等领域存在的矛盾和问题引起了大学生的广泛关注。例如，就业市场中存在的学历歧视、性别歧视等现象，容易使大学生产生对社会公平正义的质疑。调查显示，一些大学生认为就业压力对其价值观产生了负面影响，部分大学生甚至产生了"读书无用论"等错误观念。

**2. 网络舆论影响了价值判断**

互联网时代，信息传播速度快、范围广，社会热点问题往往能在短时间内引发广泛讨论。然而，一些别有用心的人利用网络平台传播虚假信息、歪曲事实，误导公众舆论。部分大学生由于缺乏足够的社会经验和信息辨别能力，容易受到这些不良信息的影响，对社会问题产生片面认识。例如，在某些社会热点事件中，部分网络媒体为博取眼球，刻意夸大事实、煽动情绪，导致部分大学生对事件产生错误认知，进而影响其价值判断。

**3. 社会不良现象影响了价值观念**

社会上存在的贪污腐败、道德失范等不良现象，对部分大学生价值观形成产生了负面影响。这些现象与社会主义核心价值观倡导的诚信、法治、和谐等理念背道而驰，容易使部分大学生对主流价值观念产生怀疑。部分大学生在面对社会不良现象时，产生了消极悲观情绪，甚至出现价值虚无主义倾向。

### 4.3.3 部分高校教育体系不完善制约价值引领成效

社会主义核心价值观教育是一项系统工程，需要高校各部门协同配合、形成合力。然而，当前部分高校在教育体系建设方面存在一定不足，制约了社会主义核心价值观教育的实效性。

**1. 部分高校教育主体协同机制不健全**

高校社会主义核心价值观教育涉及多个部门和群体，包括思政课教师、辅导员、专业课教师、行政管理人员等。但在实际工作中，部分高校各部门之间缺乏有效的沟通协调机制，存在"各自为战"现象。思政课教师侧重于理论讲授，专业课教师往往忽视课程思政建设，学生管理部门与教学部门在价值观教育上缺乏联动。这种条块分割的教育模式，导致社会主义核心价值观教育难以形成整体合力。

**2. 部分高校教育载体创新不足**

随着信息技术的快速发展，网络已成为大学生学习生活的重要组成部分。然而，部分高校在社会主义核心价值观教育中对新媒体技术的应用不够充分，未能有效利用微信、抖音、B站等新媒体平台开展教育活动。传统的课堂讲授、主题讲座等教育方式难以满足大学生多样化的学习需求，导致教育内容吸引力不足，教育效果大打折扣。

**3. 部分高校教育评价体系不健全**

科学合理的教育评价体系是保障社会主义核心价值观教育质量

的重要手段。但目前部分高校在价值观教育评价方面存在一定问题，如评价标准单一，注重理论知识考核，忽视学生行为表现和价值践行；评价主体单一，主要由教师进行评价，缺乏学生自评、互评和社会评价；评价方式单一，以终结性评价为主，缺乏过程性评价和发展性评价。这种不健全的评价体系无法全面反映大学生社会主义核心价值观培育成效，也难以对教育工作形成有效反馈。

**4. 部分高校师资队伍建设有待加强**

教师是社会主义核心价值观教育的重要实施者，其自身素质和教育能力直接影响教育效果。当前部分高校教师存在理论功底不足、实践经验欠缺、新媒体应用能力薄弱等问题。一些专业课教师对课程思政认识不足，未能将社会主义核心价值观有效融入专业教学。同时，部分高校在教师培训、激励机制等方面存在不足，影响了教师参与价值观教育的积极性和主动性。

综上所述，新时代大学生培育和践行社会主义核心价值观面临的问题，是多元文化冲击、社会现实影响和教育体系不完善等多种因素共同作用的结果。要有效解决这些问题，需要高校从加强文化引领、优化教育体系、提升师资水平等多方面入手，构建全方位、多层次的价值观教育新格局。

## 4.4 从高校层面探析新时代大学生培育和践行社会主义核心价值观的路径

### 4.4.1 新时代高校培育和践行社会主义核心价值观的使命、任务与要求

随着中国特色社会主义的发展，从站起来、富起来到强起来的努力方向已经被充分认识，并被落实到具有重大意义的行动中，使我国走上了一条崭新的发展道路。要构筑一个更为美好的未来，必

须以"两个一百年"奋斗目标为导向，努力推进中华民族走上一条更为繁荣昌盛的道路，并以此为基础，着力培养充满活力的大学生群体。

**1. 明确了新时代高校培育和践行社会主义核心价值观工作的使命**

新时代，我国社会主要矛盾已经转化为人民日益增长的美好生活需要和不平衡不充分的发展之间的矛盾。"百年大计，教育为本"提出了"教育先行"的重点，已推动国家高等教育步入整体发展的新阶段。随着国家的不断发展，高等教育需要跟上国家建设的步伐，与国家的国际影响力相适应，以期能够为推动国家的经济、社会发展及全球化作出贡献。其中，高校的思想政治建设起着至关重要的作用，它将为完善国家的高等教育体系提供有效的支撑。提升大学生的道德修养、整体素质，培养其实践能力和创新精神，这些都是高等教育的基础，也是高校建设的核心，而高校的思想政治工作具备这一核心价值，因此肩负起了更加崇高的历史责任。在当今这个充满挑战的世界，高校的思想政治教育工作应该成为其他学科的重要支柱，并且要求我们在这方面保持领先地位，努力打造一个具有持久力的、完善的高等教育体系。

**2. 明确了新时代高校培育和践行社会主义核心价值观工作的根本任务**

通过不断地改革、创新、开放，我们正努力将高等教育打造成实现中华民族伟大复兴中国梦、推动全面建成社会主义现代化强国的重要支柱。我们将以满足国家需求、促进民族进步、提升国民素质、推动社会主义现代化进程为目标，努力培育出具备良好道德品质、拥有健康身心的先进公民。针对"四有"好老师的要求——有理想信念、有道德情操、有扎实学识、有仁爱之心，我们应该积极推动教育改革，努力培养具备良好道德品质的优秀教育工作者，以此来推动"四有"好老师队伍建设，为大学生树立良好的榜样。在当今社会，思想政治教育工作的重要性不容忽视，它的本质是提高人的素质，我们应该以关怀、帮助和支持的态度，持续地提升大学生的理论知识水平、品德修养、文化素养，以培育出具备良好品德、全面发展的人才；要培育富有新时代精神、能够真正担负起民族复兴大任的时代新人，以满足新形势下中国特色社会主义事业的需求。

**3. 明确了新时代高校培育和践行社会主义核心价值观工作的新要求**

习近平总书记强调："建设教育强国，龙头是高等教育。放眼全球，任何一个教育强国都是高等教育强国。要把加快建设中国特色、世界一流的大学和优势学科作为重中之重，大力加强基础学科、新兴学科、交叉学科建设，瞄准世界科技前沿和国家重大战略需求推进科研创新，不断提升原始创新能力和人才培养质量。"[1] 我们必须把握机遇，加强对人才的培育，以期达到最佳的教育效果。为了更好地促进大学生素质提升，我们必须遵循"以学生为中心、以素质为主导"的理念，采取多种措施，实现全面、系统的大学生素质发展。

新时代高校在培育和践行社会主义核心价值观的道路上，使命光荣，任务艰巨，要求明确。高校需积极应对挑战，不断探索创新，切实将社会主义核心价值观培育融入教育教学全过程，结合实际进行创造性转化和创新性发展，尤其是要注意形成中国特色、时代特色，为全面建成社会主义现代化强国以及实现中华民族伟大复兴提供坚实的人才支撑。

## 4.4.2 运用校园文化载体强化社会主义核心价值观培育

构建社会主义核心价值观教育实践的顶层设计机制是至关重要

---

[1] 习近平. 扎实推动教育强国建设[J]. 求是, 2023 (18): 1-9.

的。这要求全校师生对社会主义核心价值观表示认同和接受,并且积极主动地参与到培育和践行社会主义核心价值观的实践活动中,成为其中的一分子。这正是当前各高校校园文化建设的中心任务。为了实现这一目标,高校需要构建全面的顶层设计机制,该机制不仅需要明确责任主体,还需要完善组织机制,确保社会主义核心价值观教育能够持续开展。此外,高校还应强化理论研究,丰富高校校园文化建设内涵,以确保社会主义核心价值观能够深入人心,并指导师生的日常行为。

**1. 加强高校校园文化建设**

(1) 落实责任主体,完善组织机制

顶层设计机制体系的核心在于明确责任主体,该主体不仅是校园文化活动的组织者,更是推动社会主义核心价值观融入校园文化的关键执行者,在顶层设计机制中发挥着不可替代的作用。学校党委须清晰界定在培育和践行社会主义核心价值观活动中的责任主体,并将社会主义核心价值观的传播确立为校园文化建设工作的首要任务。在组织相关活动时,应首先确立党对文化和建设的领导地位,明确专门的负责机构及详细流程,以确保方案和活动的顺利推进与实施。

(2) 完善制度保障,确保社会主义核心价值观教育持续开展

要使文化项目能够长期有效地实施,需要将社会主义核心价值观的内涵和精髓彻底地融入各高校的规章制度中。在校园里通过制度的形式,将社会主义核心价值观及其行为彻底地贯穿于师生的言行之中,转变为个人内在价值所在。高校制度保障包含了校规校纪、各行政部门规章制度、德育教育等。为了确保社会主义核心价值观教育在高校的持续开展,必须构建完善的规范制度及强化责任意识体系,从而为校园文化的发展与建设提供坚实的支撑与保障。

(3) 强化理论研究,丰富高校校园文化建设内涵

高校作为大学生的重要培育基地,要充分发挥出独特的人才资

源优势，强化各方面的理论研究，丰富校园文化建设的理论内涵，这样才能为校园文化建设提供坚实的理论基础。在高校的各大研究项目中，学校应鼓励研究社会主义核心价值观的项目，为其提供充足的经费支持及专业指导，以此彰显高校的理论深度，进一步丰富校园文化内涵。

（4）构建全员协同育人格局，厚植校园文化建设氛围

校园文化是培育和践行社会主义核心价值观的重要基础，需要凝聚全校师生的智慧与力量，构建全员参与、协同推进的育人格局。师生作为校园的主体，不仅是校园精神文化的创造者，更是社会主义核心价值观的传承者与践行者。高校应将社会主义核心价值观深度融入校园文化建设的规划、实施、反馈等各个环节，通过制度保障、宣传引导、活动激励等多种方式，激发师生参与的主动性与创造性。通过营造人人参与、人人有责的浓厚氛围，既能深化师生对社会主义核心价值观内涵的理解，又能充分调动其积极性，切实提高社会主义核心价值观融入校园文化建设的针对性与实效性，让社会主义核心价值观在校园中落地生根。

（5）健全教育考核评价体系，推动社会主义核心价值观培育长效发展

将社会主义核心价值观融入校园文化建设是一项长期的系统化工程，需要科学完善的考核评价机制作为支撑与保障。高校应立足时代发展需求，建立动态化、多元化的教育目标考核与评价体系，将社会主义核心价值观培育成效纳入学校整体发展规划与师生综合评价体系中。通过细化考核指标、创新评价方式、强化结果应用，将社会主义核心价值观培育要求分解到教学管理、学生活动、后勤服务等日常工作的细微之处，形成全过程、全方位的监督与反馈机制。以此推动校园文化建设持续优化升级，确保社会主义核心价值观教育常抓不懈、与时俱进，切实提升学校的育人质量与文化软实力，为大学生成长成才提供坚实的价值引领与文化支撑。

## 2. 利用重大节日深化价值引领

《关于培育和践行社会主义核心价值观的意见》着重强调，要深入挖掘各类重要节庆日、纪念日所蕴含的丰富教育资源。传统节日作为中华传统文化的重要构成，在大学生教育中占据着不可替代的地位。其不仅承载着丰富的物质文化成果，更蕴藏着深厚的精神文明内涵，是民族历史的鲜活见证、民族精神的生动体现以及文化传承的重要载体。

高校应当充分发挥传统节日在大学生社会主义核心价值观培育中的独特作用，通过多元化的方式开展主题教育活动，使社会主义核心价值观融入大学生的日常生活，引导其自觉传承与践行。例如，在春节期间，组织写春联、包饺子等传统民俗活动，让学生感受团圆和睦的家庭氛围，深刻体会社会主义核心价值观中"和谐""友善"的内涵；在端午节举办包粽子、赛龙舟活动，结合屈原的爱国故事，激发学生的爱国情怀，诠释"爱国"价值观；在重阳节开展敬老爱老志愿活动，引导学生弘扬中华民族尊老敬老的传统美德，践行"友善""和谐"理念。通过这些沉浸式的节日活动，学生能够在参与过程中潜移默化地接受社会主义核心价值观的熏陶，深入理解传统节日背后的文化意义与价值内核。

## 3. 举办多元文化活动，促进价值观念理解

（1）发挥学生组织的作用，创新活动形式

高校应充分调动学生自发组织群体的积极性，有效利用社团、学生会等团体，开展丰富多彩的文化活动，提升学生对社会主义核心价值观的理解能力。以学习型社团为平台，开展理论研讨、学术讲座、读书分享会等活动，创新活动形式与内容，帮助学生增加理论知识储备。例如，马克思主义理论学习社团可以围绕社会主义核心价值观的理论内涵开展专题研讨，邀请专家学者进行深度解读，让学生从理论层面深入理解其产生背景、重要意义与科学内涵。

以兴趣型社团为依托，将理论素养培育与兴趣爱好相结合，巧妙地把书本知识与现实生活相融合，使学习过程更具趣味性。例如，摄影社团可以开展"社会主义核心价值观主题摄影展"活动，鼓励学生用镜头捕捉生活中体现社会主义核心价值观的瞬间；戏剧社团可以通过编排以社会主义核心价值观为主题的话剧，使学生在创作与表演中加深对社会主义核心价值观的理解与感悟。通过这些轻松愉快的活动方式，学生能够在潜移默化中学习社会主义核心价值观，并将其融入自身的思想与行为之中。

（2）聚焦主题性文化活动，提升教育温度

高校应将活动重心向主题性文化活动倾斜，适当延长活动周期，全面梳理并解决学生在价值观认知与践行过程中的疑难问题。在活动开展过程中，打破传统刻板的教育模式，结合教学内容，创新采用无领导小组讨论、材料展示、情景模拟等多样化的教学模式，增强活动的互动性与参与性。例如，针对"诚信"主题，开展无领导小组讨论活动，设置与大学生学习、生活密切相关的诚信案例，引导大学生进行深入分析与讨论，在思维碰撞中深化对"诚信"价值观的理解；通过材料展示活动，收集古今中外有关诚信的故事、名言警句、典型案例等资料进行展示，让大学生从多维度感受诚信的重要性。

（3）合理利用文化产品，深化价值领悟

高校应积极组织大学生前往红色爱国主义教育基地参观学习，通过历史视角帮助大学生深刻领悟社会主义核心价值观的深远意义。在参观过程中，专业讲解员的生动讲解、珍贵历史文物与场景的还原，能够让大学生直观地感受到革命先辈们为实现国家富强、民族振兴、人民幸福所作出的巨大牺牲与不懈奋斗，从而激发大学生的爱国热情与社会责任感。

同时，发放富有教育意义的纪念品，如印有红色经典图案、社会主义核心价值观标语的笔记本、书签、徽章等，引导大学生从这些小物件中探寻背后的历史故事与文化内涵。此外，结合学校课程设置，为大学生提供丰富的历史读物、文学作品等，拓宽其知识视野，帮助其从更广阔的文化视角深化对社会主义核心价值观的理解与践行。

**4. 开展主题社会实践活动推动价值观念践行**

思想与实践的统一是培育和践行社会主义核心价值观的关键所在。高校应围绕社会主义核心价值观开设实践主题课程，将书本上的理论知识转化为实际行动，使社会主义核心价值观融入大学生日常生活的点滴之中，切实加强大学生主动学习与实践的意识。例如，开设"社区服务与践行社会主义核心价值观"实践课程，组织大学生走进社区，开展关爱孤寡老人、垃圾分类宣传、社区文化建设等志愿服务活动，让大学生在服务他人、奉献社会的过程中，将"友善""和谐""敬业"等价值观转化为实际行动，提高解决实际问题的能力。

当今社会，公益活动丰富多样，高校在教育工作中应积极引导大学生参与各类公益活动，让大学生亲身体验社会的多元化，培育和弘扬互帮互助、无私奉献的良好美德。通过参与关爱留守儿童、环保公益、抗震救灾志愿服务等活动，大学生能够深刻体会到个人与社会的紧密联系，增强社会责任感，更好地响应国家号召，成长为新时代建设社会主义强国的栋梁之材。在社会实践活动中，大学生不仅能够锻炼自身的实践能力与社会适应能力，还能在实践体验中加深对社会主义核心价值观的理解与认同，实现从理论认知到情感认同再到行为自觉的转变。

## 4.4.3 丰富校园实践形式

**1. 激发大学生的社会实践自主性，激活价值践行内生动力**

社会实践作为大学生社会主义核心价值观培育的重要载体，其成效在很大程度上取决于学生参与的积极性与主动性。唯有充分调动大学生的主观能动性，促使其深度参与实践活动，将对社会主义核心价值观的感性认知升华为理性思考，方能切实提升其运用价值观解决实际问题的能力。为了达成这一目标，需要从三个维度构建激发大学生实践自主性的长效机制。

（1）确立学生主体地位，增强实践参与自觉性

高校应将教育资源与实践平台的建设重心向学生倾斜，打破传统"被动参与"模式，着力凸显大学生在社会实践中的主体地位。在活动设计阶段，充分吸纳学生意见，鼓励其参与实践主题策划、流程设计与成果评估等环节；在实践过程中，赋予学生更多决策权与自主权，引导其以"主人翁"姿态主动探索、解决问题。例如，在社区治理类实践项目中，可由学生自主组建调研小组，确定研究方向与实施方案，教师仅提供必要指导，使学生在主导实践的过程中增强存在感与责任感，实现从"参与者"到"创造者"的角色转变，从而深化对社会主义核心价值观的践行层次。

（2）尊重多元个性选择，优化实践参与体验

当代大学生在互联网环境下成长，思想观念呈现多元化、个性化特征。以广西民族师范学院学生调研数据为例，超过85%的学生通过网络平台获取知识、交流思想，互联网已成为其展现个性与创造力的重要窗口。基于此，社会实践组织者应尊重大学生的兴趣差异与个性化需求，设计多样化的实践项目。例如，针对热衷新媒体创作的大学生，可设立"社会主义核心价值观主题短视频创作大赛"；对于关注社会民生的大学生，提供乡村振兴调研、弱势群体帮扶等实践机会。同时，允许大学生自主选择实践团队、时间与方式，减少行政化干预，以灵活机制激发其参与热情，使实践活动真正契合大学生成长需求，提升其参与体验感。

（3）完善激励保障机制，强化实践价值认同

高校需通过制度创新与资源整合，构建全方位激励体系，调动

大学生参与实践的积极性。在课程体系方面,将社会实践纳入学分考核,与专业教育深度融合,增设实践学分必修课,确保学生参与时间与质量;在资源支持方面,设立专项经费,提供实践场地、设备及交通食宿保障,降低参与门槛;在成果转化方面,搭建展示平台,通过实践成果报告会、优秀案例评选、媒体宣传等方式,增强学生成就感与荣誉感。此外,建立"实践表现—综合素质评价—评优评先—就业推荐"联动机制,将实践成果作为大学生评奖、入党、保研的重要参考,引导其将社会主义核心价值观转化为情感认同与行为自觉。

**2. 创新社会实践形式,拓展价值培育多元场景**

理论与实践的有机结合是推动社会主义核心价值观入脑入心的关键路径。丰富多元的社会实践能够将抽象的价值观内涵转化为具象的情感体验,助力大学生实现从知识学习到价值内化的跨越。高校应立足时代特征与大学生需求,构建线上线下融合、理论实践贯通的立体化实践体系。

(1) 推动"互联网+实践"深度融合,拓展实践新形态

在数字时代,网络与新媒体已深度融入大学生的学习生活。我们必须认识到,在当今时代,网络和新媒体已经成为大学生学习和日常生活的重要组成部分。通过深入研究和了解大学生的兴趣爱好,可以得出一个结论:互联网及其衍生的各种事物与大学生这一特定年龄段的性格特征和知识结构体系的发展是相符合的。基于这一认识,高校在设计社会实践活动时,应当更加重视网络与实践活动的结合,确保在活动的招募、执行、宣传和总结等各个环节,都能够充分利用互联网的传播优势,利用大学生经常使用的网络平台,创新线上活动的形式,以吸引更多的大学生参与。

据统计,短视频、社交媒体等平台已成为大学生获取信息的主要渠道。高校应顺应这一趋势,创新"互联网+社会实践"模式:在活动招募环节,利用微信公众号、微博超话、抖音话题等平台发布实践信息,以 H5 页面、短视频等形式提升传播吸引力;在实践执

行阶段,开发线上实践工具,如虚拟调研平台、云协作系统,支持学生远程参与田野调查、数据分析;在成果宣传方面,通过直播、VR 全景展示、互动 H5 等技术,提升实践影响力。例如,某高校开展的"云端红色之旅"项目,通过 VR 技术还原革命遗址场景,组织大学生线上参观学习并开展主题研讨,累计吸引 2 万余名大学生参与,有效突破了时空限制,扩大了价值观教育覆盖面。

(2)强化线下实地体验,深化价值情感共鸣

尽管线上实践具有便捷性优势,但线下互动式、沉浸式体验在社会主义核心价值观培育中仍不可替代。这种体验能够更深刻地影响大学生,在帮助他们接受社会主义核心价值观教育的过程中发挥更大的作用。一方面,学校应当定期组织大学生参观当地乃至全国知名的爱国主义教育基地和模范企业,通过实地讲解和观摩,让大学生深切地感受到党和国家的奋斗历程以及先进企业和员工的责任感与使命感。另一方面,学校还应当加大对大学生服务型实践活动的组织力度,通过组织乡村振兴、基层支教、关爱留守儿童和空巢老人、服务孤儿及残障学校等活动,持续提升大学生的社会服务能力,促使他们将抽象的社会主义核心价值观内化为情感认同,从而在实践中提升对社会主义核心价值观的理解和接受程度。

高校需充分挖掘实体资源,打造立体化实践场景:一是依托爱国主义教育基地、革命纪念馆、模范企业等资源,开展实地研学活动。例如,组织大学生参观红旗渠纪念馆,通过现场讲解、情景再现,感悟"自力更生,艰苦创业"的精神内涵;走进华为、大疆等创新企业,了解科技报国的使命担当。二是大力开展服务性实践活动,引导大学生在基层服务中践行社会主义核心价值观。通过乡村振兴支教、社区志愿服务、特殊群体关爱等项目,让大学生在助老扶幼、环境整治、文化传播等实践中,深刻体会"友善""敬业""奉献"的价值意义。例如,某高校连续十年开展"西部支教计划",累计派出千余名大学生志愿者,通过课程教学、心理辅导、社区建设等工作,不仅改善了当地的教育环境,更使大学生在奉献中

坚定了理想信念。

(3) 构建"校—社—企"协同实践网络，提升实践育人效能

社会主义核心价值观的培育需要整合社会资源，构建多方协同的实践生态。高校应主动与政府部门、社会组织、企业建立合作关系，打造"校—社—企"联动平台：与地方政府合作开展基层治理实践，组织大学生参与社区党建、矛盾调解、政策宣传等工作；与公益组织联合策划公益项目，如环保公益行动、非遗传承保护等；与企业共建实践基地，开展职业体验、创新创业实践。例如，某高校与上海浦东新区合作开展"社区治理创新实践项目"，大学生深入社区调研居民需求，提出老旧小区改造方案，既为地方发展提供智力支持，又在实践中深化了对"和谐""法治"等价值观的理解。通过多方协同，实现资源共享、优势互补，为大学生提供更丰富、更真实的实践场景，推动社会主义核心价值观培育走深、走实。

### 4.4.4 创新社会主义核心价值观宣传教育模式

**1. 拓展多元宣传教育平台，强化校园文化价值引领**

(1) 构建新媒体矩阵，创新传播形式

在数字技术飞速发展的当下，新媒体已成为意识形态传播的重要阵地，深刻改变着信息传播方式与受众接受习惯。高校应顺应时代潮流，整合官网、微博、微信公众号、抖音、B站等新媒体资源，构建全方位、立体化的宣传矩阵。通过制作短视频、动画、互动H5、直播等新颖有趣的内容形式，以青年大学生喜闻乐见的方式传播社会主义核心价值观。例如，利用抖音平台发起"社会主义核心价值观微故事"话题挑战，鼓励师生创作并分享体现爱国、敬业、诚信、友善等价值观的短视频；通过微信公众号推出"每日一典"栏目，以图文并茂的形式解读社会主义核心价值观的经典内涵与时代意义。

在内容创作过程中,注重增强互动性与参与性,设置线上问答、投票、话题讨论等环节,激发师生的参与热情。例如,在微博平台开展"我心中的社会主义核心价值观"大讨论,邀请师生分享自己的理解与践行故事;通过直播形式举办线上讲座、主题班会,实时与大学生互动交流,解答疑问。通过这些创新形式,使社会主义核心价值观的宣传教育更具吸引力与感染力,加速校园文化建设进程,增强师生凝聚力,实现社会主义核心价值观在潜移默化中的内化于心、外化于行。

(2)整合传统媒体资源,形成宣传合力

虽然新媒体在信息传播中占据重要地位,但传统媒体依然具有权威性、深度性等不可替代的优势。高校应将传统媒体与新媒体有机结合,形成宣传教育合力。在校报、校刊中开设社会主义核心价值观专题专栏,刊发深度理论文章、师生学习感悟、先进典型事迹等内容;利用校园广播、宣传栏、电子屏等载体,循环播放价值观宣传标语、公益广告、优秀作品等。

例如,校园广播可开设"价值观之声"节目,通过朗诵经典诗词、讲述红色故事、分享道德模范事迹等形式,传播正能量;在教学楼、食堂、宿舍等场所设置主题宣传栏,定期更新社会主义核心价值观相关内容,营造浓厚的校园文化氛围。通过传统媒体与新媒体的优势互补,实现社会主义核心价值观宣传教育的全方位覆盖,充分发挥校园文化的导向与精神引领作用。

### 2. 打造校本特色文化品牌,深化文化育人功能

(1)挖掘校本文化资源,培育特色文化品牌

每所高校都拥有独特的历史积淀、学科优势与文化传统,这些是培育社会主义核心价值观的宝贵资源。高校应立足自身实际,深入挖掘校史文化、学科特色、地域文化中的价值元素,精心打造具有校本特色的文化品牌。例如,具有红色历史的高校可围绕革命传

统教育,开展"红色校史研学"系列活动,通过校史馆参观、老校友访谈、红色故事创作等形式,传承红色基因;以理工科为主的高校可结合学科优势,开展"科技报国"主题活动,组织学生参与科技创新实践、科普志愿服务,培养学生的家国情怀与责任担当。

同时,要注重将社会主义核心价值观融入校本课程建设,研发特色教材。例如,编写体现学校文化特色与价值观内涵的通识课程教材,通过案例教学、情景模拟、实践体验等创新教学方式,引导学生深入理解与践行社会主义核心价值观。通过培育校本特色文化品牌,使社会主义核心价值观教育与学校文化育人工作有机融合,增强教育的针对性与实效性。

(2) 树立先进典型榜样,发挥示范引领作用

榜样的力量是无穷的,先进典型人物与事迹是社会主义核心价值观的生动体现。高校应加强对校园内先进典型的挖掘与宣传,在教师中树立师德楷模,在学生中评选优秀学子,形成"学榜样、做榜样"的良好氛围。通过举办先进事迹报告会、优秀人物访谈、榜样风采展等活动,广泛宣传他们的感人故事与优秀品质。

例如,开展"最美教师""十佳学子"评选活动,通过事迹展示、网络投票、现场答辩等环节,评选出具有代表性的先进典型;组织优秀师生代表走进班级、社团,分享自己践行社会主义核心价值观的经历与感悟,用身边人、身边事感染和激励广大师生。同时,利用校园媒体平台对先进典型进行深度报道,提升其影响力。通过树立榜样,传递校园正能量,引导师生从理念、认知、行为上积极培育和践行社会主义核心价值观,使社会主义核心价值观成为全体师生共同遵循的行为准则。

### 3. 强化道德责任教育,升华人生价值境界

(1) 深刻把握价值观内涵,明确德育核心地位

习近平总书记指出:"加强品德教育,既有个人品德,也有社会

公德、热爱祖国和人民的大德。要坚持教育引导学生培育和践行社会主义核心价值观，做到品德润身、公德善心、大德铸魂。"❶ 这深刻揭示了社会主义核心价值观的道德属性与育人本质。高等教育不仅要传授知识技能，更要承担起立德树人的根本任务。社会主义核心价值观作为当代大学生的精神文化支柱，应贯穿于教育教学全过程，融入大学生学习、生活的方方面面。

高校应以德育为核心，将社会主义核心价值观教育与思想政治教育、专业教育、社会实践等有机结合。在课程教学中，深入挖掘各类课程蕴含的德育元素，实现"课程思政"全覆盖；在校园文化活动中，设计体现价值观内涵的主题活动，引导大学生在参与中感悟道德力量；在日常管理中，将价值观要求融入大学生行为规范与管理制度，培养大学生良好的道德品质与行为习惯。通过德育引领，促进大学生世界观、人生观、价值观的形成与完善。

（2）注重实践养成，推动价值观内化于心、外化于行

培育和践行社会主义核心价值观，关键在于引导大学生将价值观转化为实际行动。高校应加强道德实践教育，为大学生提供丰富的实践平台与机会，组织大学生参与志愿服务、社区服务、公益活动等，让大学生在服务他人、奉献社会的过程中深化对道德责任的理解，增强社会责任感。

同时，注重将道德实践与大学生个人成长发展相结合，引导大学生从身边的小事做起，从日常行为规范做起。例如，开展"文明宿舍创建""诚信考试承诺""光盘行动"等活动，培养大学生良好的道德习惯与行为准则。通过实践养成，使社会主义核心价值观真正内化为大学生的精神追求，外化为其自觉行动，实现人生境界的升华，培养担当民族复兴大任的时代新人。

---

❶ 习近平. 培养德智体美劳全面发展的社会主义建设者和接班人 [J]. 求是，2024 (17): 4–10.

### 4.4.5 全面推进高校思想政治工作改革：筑牢社会主义核心价值观培育根基

**1. 以改革创新驱动高校思想政治工作高质量发展**

改革创新是高校思想政治工作保持生命力的核心引擎，更是提升育人实效、增强教育吸引力的关键所在。在新时代背景下，面对多元文化思潮冲击、社会变革加速、青年大学生思想行为特征变化等新挑战，高校思想政治工作必须坚持与时俱进，以深层次改革推动理论创新、实践创新、制度创新，构建更具针对性、实效性的育人体系，为培育和践行社会主义核心价值观提供坚实支撑。

（1）明确改革定位：把握思想政治工作时代使命

高校思想政治工作承担着为党育人、为国育才的重要使命。在百年未有之大变局与中华民族伟大复兴战略全局交织的历史节点，改革需要立足"培养什么人、怎样培养人、为谁培养人"的根本问题，将社会主义核心价值观融入思想政治工作全过程，强化价值引领功能。通过深化对习近平新时代中国特色社会主义思想的学习贯彻，把握新时代教育发展规律，推动思想政治工作从传统说教向价值塑造、能力培养、知识传授"三位一体"模式转变，确保高校始终成为意识形态工作的坚强阵地。

（2）激活改革动能：构建协同创新机制

推动高校思想政治工作改革，需要打破部门壁垒，建立党委统一领导、党政齐抓共管、院系具体落实、师生全员参与的协同机制。成立由校党委书记牵头的思想政治工作改革领导小组，统筹教学、学工、宣传、后勤等部门资源；设立思想政治工作创新专项基金，鼓励跨学科团队开展理论与实践研究；搭建校际合作平台，共享优质思想政治课程资源与改革经验，形成校内外联动、多主体协同的改革生态。

**2. 深化传统课堂教学改革，提升思想政治教育亲和力**

课堂教学是高校思想政治工作的主渠道。深化改革需要以增强课程吸引力为目标，推动传统思政课堂从单向灌输向互动式、启发式教学转型，切实满足大学生成长成才需求。

（1）优化课程体系设计

立足新时代人才培养要求，构建"基础理论＋专题研讨＋实践拓展"的立体化课程体系。在保留马克思主义基本原理、毛泽东思想和中国特色社会主义理论体系等核心课程的基础上，增设"习近平新时代中国特色社会主义思想概论""新时代青年使命与担当"等特色课程；结合专业特点开发课程思政示范课，如理工科融入科技创新伦理教育，文科强化家国情怀与法治精神培育，实现思想政治教育与专业教育的深度融合。

（2）创新教学方法与技术应用

引入案例教学、情景模拟、翻转课堂等教学方法，增强课堂互动性。例如，在"思想道德与法治"课程中，通过"校园诚信案例辩论""法治情景剧创作"等活动，引导学生主动思考价值观问题；运用虚拟现实、人工智能等技术打造沉浸式教学场景，如开发"红色革命遗址虚拟研学"项目，让学生身临其境地感受革命精神。同时，搭建智慧教学平台，实现线上预习、课堂互动、课后拓展的全流程数字化管理，提升教学效率与学生参与度。

（3）加强教师队伍建设

实施思政课教师能力提升工程，通过专题培训、学术交流、教学竞赛等方式，提升教师的理论水平与教学能力。建立"老带新"结对帮扶机制，发挥教学名师的传帮带作用；设立思政课教师实践研修基地，每年组织教师深入基层调研，将鲜活的社会素材融入教学内容中；完善考核激励机制，将教学创新成果纳入职称评审与评优评先指标体系，激发教师的改革积极性。

**3. 以习近平新时代中国特色社会主义思想引领思想政治工作创新**

深入学习贯彻习近平新时代中国特色社会主义思想，是高校思想政治工作改革的根本遵循。应从七个维度系统把握其核心要义，推动理论学习成果转化为育人实效。

(1) 锚定"新时代"历史坐标，强化政治引领

引导师生深刻理解"三个意味着"的丰富内涵，准确把握中国特色社会主义进入新时代的历史方位。在思政课程中增设"新时代伟大变革"专题，通过数据对比、案例分析展现我国在经济、科技、民生等领域的成就；开展"我与新时代共成长"主题教育活动，组织学生撰写成长日记、制作微视频，增强对新时代的情感认同与责任担当。

(2) 聚焦"新判断"战略导向，回应教育需求

针对我国社会主要矛盾变化对教育提出的新要求，推动思想政治工作精准对接大学生需求。建立大学生思想动态调研机制，通过问卷调查、座谈会等形式了解大学生在学业发展、职业规划、心理健康等方面的困惑；开发"学业指导＋心理疏导＋生涯规划"一体化服务课程，将社会主义核心价值观融入问题解决过程，助力大学生全面发展。

(3) 践行"新使命"责任担当，强化价值塑造

阐释"四个伟大"的辩证关系，引导大学生树立"国之大者"意识。开展"青年红色筑梦之旅"实践活动，组织大学生赴革命老区、乡村振兴一线开展志愿服务与创新创业；设立"新时代青年先锋岗"，在社区治理等工作中发挥大学生党员的模范作用，激励大学生在服务社会中践行初心使命。

(4) 感悟"新思想"真理力量，深化理论武装

构建"学—研—讲—行"四位一体学习体系：开设"习近平新时代中国特色社会主义思想精读班"，组织师生逐字逐句研读经典著

作；支持大学生成立理论研习社团，开展课题研究与学术沙龙；组建"青年讲师团"，深入班级、社区开展理论宣讲；将理论学习成果转化为实践行动，如举办"新思想·新实践"创意大赛，鼓励大学生提出解决社会问题的创新方案。

（5）落实"新目标"战略部署，激发奋斗精神

解读"两步走"战略与中华民族伟大复兴目标，引导大学生将个人理想融入国家发展。开展"我的中国梦"主题教育，组织大学生参与"一带一路"共建国家文化交流、国际组织实习等项目；开设创新创业课程，培育大学生的全球视野与创新能力，为国家战略实施储备人才。

（6）坚持党的全面领导，深化教育改革

强化高校党委对思政工作的领导核心作用，完善党委统一领导、党政分工合作、协调运行的工作机制。推进高校内部治理体系改革，优化教学管理、科研评价、人事制度等方面的政策；加强党建与思想政治工作融合，打造"一院一品"党建品牌，以高质量党建引领思想政治工作高质量发展。

（7）回应"新期待"育人要求，培育时代新人

将以习近平同志为核心的党中央对青年的殷切期望转化为育人实践。开展"强国有我"主题教育，通过榜样宣讲、主题征文、社会实践等形式，引导大学生厚植家国情怀；建立大学生成长档案，跟踪记录其思想动态与发展轨迹，提供个性化指导；完善全员育人机制，动员专业课教师、行政人员、后勤职工参与思政工作，形成"人人育人、事事育人、时时育人"的良好氛围。

## 4.4.6 探索推进新时代辅导员职业化发展：筑牢价值观培育的关键队伍根基

**1. 新时代辅导员职业化发展的重要意义与使命定位**

高校辅导员作为青年思想政治工作的主力军、大学生管理服务

的核心力量，以及校园稳定发展的重要保障，在大学生成长成才过程中扮演着不可替代的角色。"我要成为一名什么样的辅导员？"这一命题，始终是每位辅导员在职业生涯中不断思索与践行的核心问题。新时代背景下，辅导员工作已超越传统职业范畴，承载着更为深远的政治责任与育人使命，其工作成效直接关系到党和国家育人事业的成败。

作为开展大学生思想政治工作的骨干力量，辅导员是高校学生日常思想政治教育与管理工作的组织者、实施者和指导者。他们不仅需要承担大学生思想引领、学业指导、心理疏导、职业规划等多重职责，更肩负着引导大学生树立正确的世界观、人生观和价值观，培养德智体美劳全面发展的社会主义建设者和接班人的重大使命。因此，推进新时代辅导员职业化发展，是加强高校思想政治工作、落实立德树人根本任务、培育和践行社会主义核心价值观的必然要求。

**2. 明确工作职责与发展目标：构建职业化发展的清晰路径**

（1）确立职业守则与工作要求

秉持客观公正、民主公开原则，以严管理、促发展为导向，制定系统全面的辅导员队伍建设实施意见，为辅导员职业化发展指明方向。在职业守则方面，明确要求辅导员恪守爱国守法、敬业爱生、育人为本、终身学习、为人师表的行为准则，将社会主义核心价值观贯穿于日常工作的每个环节。

在工作要求层面，强调辅导员要始终围绕学生、关照学生、服务学生，深入把握学生成长规律。通过开展多样化的思想政治教育活动，不断提升学生的思想水平、政治觉悟、道德品质和文化素养。同时，引导学生正确认识世界和中国发展大势，深刻理解中国特色与国际比较，明晰自身的时代责任和历史使命，将远大抱负与脚踏实地相结合，助力大学生成长为担当民族复兴大任的时代新人。

（2）规划职业发展目标体系

为推动辅导员职业化发展，高校应构建完善的职业发展目标体系。在短期目标上，要求辅导员熟练掌握学生管理的基本技能，能够有效开展日常思想政治教育活动，建立良好的师生沟通渠道；中期目标聚焦于提升辅导员的专业素养和综合能力，鼓励其在思想政治教育、心理健康教育、职业生涯规划等领域形成专业特长；长期目标则致力于培养具有深厚理论功底、创新实践能力和卓越领导才能的专家型辅导员，使其成为高校思想政治工作的领军人物。通过明确的目标导向，为辅导员的职业发展提供清晰的路径指引，激发其工作积极性和职业认同感。

### 3. 完善考核机制：建立科学化、规范化的评价体系

（1）制定量化考核标准

制定科学严谨的辅导员年度考核办法，通过建立量化考核和评价标准，全面提升辅导员的管理水平和服务质量，增强学生教育管理服务工作实效。对于在岗专职辅导员，详细规定各项工作的考核指标，涵盖思想政治教育、班级管理、学生事务处理、心理健康教育、就业指导等多个方面。例如，在思想政治教育方面，对主题班会开展次数、党团活动组织效果、学生思想动态掌握情况等进行量化评分；在班级管理方面，将班级学风建设、违纪情况、学生满意度等纳入考核范围。通过明确的量化标准，确保考核过程的客观性和公正性。

（2）强化考核结果应用

考核结果在辅导员职业发展中发挥着重要的导向作用。高校应将考核结果作为辅导员职务选拔任用、专业技术职务聘任、津贴发放和表彰奖励的重要依据。对于工作表现突出、考核成绩优异的辅导员，在职务晋升、职称评定等方面给予优先考虑，并发放相应的奖励津贴。同时，对工作特别突出、表现特别优秀的辅导员，积极

推荐其参评省级"辅导员年度人物""优秀辅导员"等荣誉称号，树立先进典型，发挥示范引领作用。此外，对于考核结果不理想的辅导员，应及时进行沟通谈话，制定个性化的改进方案，帮助其提升工作能力和业务水平，形成"激励先进、鞭策后进"的良性竞争氛围。

**4. 推进学生工作科研项目：加强职业化发展的理论支撑**

（1）加强科研项目管理

高度重视学生工作科研项目的开展，要求各项目负责人严格按照管理办法，整合学院、部门及其他相关渠道的优质资源，扎实推进项目调研、建设和优化工作。在项目立项阶段，组织专家对申报项目进行严格评审，确保项目选题具有创新性、实用性和研究价值；在项目实施过程中，建立定期汇报和督导机制，及时了解项目进展情况，解决遇到的问题；在项目结题阶段，邀请校内外专家对研究成果进行评审验收，保证研究成果的质量和水平。

（2）促进科研成果转化

通过开展学生工作科研项目，鼓励辅导员探索大学生思想政治教育工作的新方法、新途径，形成先进经验和典型做法，并将研究成果转化为实际工作中的有效举措。要求辅导员撰写高水平的研究报告和学术论文，在学术期刊上发表或在学术会议上交流分享。同时，定期组织科研成果交流会和研讨会，促进辅导员之间的经验交流与知识共享，推动科研成果在全校范围内的推广应用，提升学生思想政治教育工作的科学化、专业化水平。

**5. 强化岗位培训：打造高素质、专业化的辅导员队伍**

（1）完善新入职辅导员培训体系

针对新入职辅导员，制定内容完备、体系科学的培训方案，采用混合式学习方式，将集中研修、校本研修和个人研修有机结合。

培训课程设置"宏观视野"、"职业能力"与"综合素质"三大模块:"宏观视野"模块涵盖国家教育政策解读、思想政治教育理论前沿等内容,帮助辅导员把握育人工作的宏观方向;"职业能力"模块包括学生事务管理、心理健康教育、突发事件应对等实务技能培训,提升辅导员的实际工作能力;"综合素质"模块涉及沟通技巧、团队建设、领导力培养等方面,促进辅导员的全面发展。通过专题讲座、案例教学、实践演练等多样化的培训形式,帮助新入职辅导员快速适应工作岗位,掌握必备的知识和技能。

(2) 加强在职辅导员能力提升培训

为持续提升在职辅导员的专业素养和育人能力,高校可通过校内、校外相结合的培训方式,不断优化培养模式、创新培养举措、丰富培养资源、压实培养责任。校内培训方面,定期举办辅导员工作论坛、专题研讨会、经验分享会等活动,邀请校内外专家学者和优秀辅导员进行授课和交流;校外培训方面,积极组织辅导员参加全国性的学术会议、专业培训和考察学习活动,拓宽其视野,了解行业最新动态和先进经验。同时,注重加强辅导员的师德师风建设,通过开展师德主题教育活动、签订师德承诺书等方式,引导辅导员树立崇高的职业理想,秉持先进的教育理念,做到政治要强、情怀要深、思维要新、视野要广、自律要严、人格要正,切实提升辅导员的育德意识和育德能力,打造一支政治坚定、业务精湛、作风优良的高素质辅导员队伍,为新时代大学生培育和践行社会主义核心价值观提供坚实的人才保障。

### 4.4.7 探索改进思想政治教学工作:筑牢价值引领的教育根基

**1. 构建协同育人体系,明确思政教学方向**

加强党对高校工作的全面领导,牢牢把握"培养什么人、怎样培养人、为谁培养人"这一根本问题,是新时代思想政治教学工作的核心要义。高校应遵循思想政治工作规律、教书育人规律和学生成长规律，构建党委统一领导、部门分工负责、全员协同参与的思想政治工作教学体系。精准把握大学生的思想特点和发展需求，深入推进思想政治工作教学改革，致力于打造一批思想政治"金课"，切实提升教学质量，激活学校思想政治工作的内生动力。

在体系构建过程中，校党委应发挥统筹全局的领导作用，制定思想政治教学的整体规划与政策导向；各部门依据职责分工，在课程设置、师资建设、资源调配等方面协同发力；全体教职员工树立"大思政"理念，将思想政治教育融入教育教学全过程，形成全员、全过程、全方位育人的良好格局。

**2. 深化师德师风建设，夯实育人基础**

（1）完善考核机制，强化制度保障

依据学校师德师风建设长效机制实施办法，进一步完善师德师风考核机制。构建多维度、立体化的考核体系，将教师的思想政治表现、教学态度、学术道德、师生关系等纳入考核范畴。通过学生评价、同行评议、自我评价、组织考核等多渠道综合评定，确保考核结果客观公正。将考核结果与教师的职称评定、评优评先、绩效分配等紧密挂钩，对违反师德师风的行为实行"一票否决"，以严格的制度约束推动教师自觉遵守师德规范。

（2）开展多元教育，营造良好氛围

开展多渠道、分层次的师德师风教育活动。面向新入职教师，组织岗前师德专题培训，帮助其树立正确的教育理念和职业道德观；针对在职教师，定期举办师德报告会、研讨会、优秀教师事迹分享会等活动，弘扬优秀教师的先进事迹和高尚师德。通过线上线下相结合的方式，推送师德教育学习资料，引导教师自主学习、自我提升。营造崇尚师德、关爱学生、潜心育人的良好氛围，使广大教师成为社会主义核心价值观的坚定信仰者和积极传播者。

**3. 强化马克思主义学科建设,提供理论支撑**

(1) 探索学科发展规律

紧密结合习近平新时代中国特色社会主义思想,深入研究马克思主义学科发展的内在规律,组织学科骨干力量开展专题研究,梳理马克思主义理论在不同历史时期的发展脉络和创新成果,分析当前学科发展面临的机遇与挑战。通过学术研讨、课题攻关等方式,总结学科建设经验,把握学科发展趋势,为思想政治理论课建设提供坚实的理论基础。

(2) 推动学科创新发展

鼓励马克思主义学科教师开展创新性研究,支持申报高层次科研项目,产出高质量研究成果。加强学科团队建设,吸引优秀人才加入,形成结构合理、协同创新的学术团队。推动马克思主义学科与其他学科的交叉融合,拓展研究领域和视野,提升学科的综合实力和影响力,为思想政治教学提供更丰富、更前沿的理论资源。

**4. 加强思想政治课程建设,打造思政金课**

(1) 突出教学重点内容

将习近平新时代中国特色社会主义思想作为"毛泽东思想与中国特色社会主义理论体系概论"等课程的讲授重点,确保这一重要思想进教材、进课堂、进头脑。深入挖掘教材中的核心内容,结合社会热点问题和大学生实际需求,精心设计教学方案,通过案例分析、小组讨论、专题讲座等多样化的教学方法,引导大学生深刻理解习近平新时代中国特色社会主义思想的内涵和实践意义。

(2) 规范课程实施管理

严格按照中央确定的课程方案开设思想政治理论课,足额落实课程学分及课堂教学学时。选用马克思主义理论研究和建设工程重点教材、高校思想政治理论课最新版本统编教材,并将其全面纳入培养方案和教学过程，确保教学内容的权威性和规范性。同时，贯彻落实《中共中央组织部 中共中央宣传部 教育部关于领导干部上讲台开展思想政治教育的意见》，将学校领导干部、校外领导干部以及中层干部上讲台授课列入教育教学计划，充分发挥领导干部在思想政治教育中的示范引领作用。

**5. 推动课程思政建设，构建育人体系**

（1）挖掘课程思政元素

全面梳理各门课程所蕴含的思想政治工作元素和育人功能，将其融入课程讲义内容和教学大纲，作为课堂讲授的重要内容和学生考核的关键知识点。例如，在理工科课程中融入科学精神、创新意识、工匠精神等元素；在人文社科课程中强化家国情怀、文化自信、法治观念等教育。通过课程思政建设，实现知识传授与价值引领的有机统一。

（2）发挥示范引领作用

立项建设一批课程思政精品课程，树立课程思政建设的标杆。定期组织课程思政教学评奖、评优活动，表彰先进典型，推广优秀经验。充分发挥学校双带头人党支部、课程思政工作坊以及各基层教学单位的平台示范效应，制订课程思政教学提升计划。组织开展课程思政教学研讨、观摩交流、专题培训等活动，鼓励教师参加学术交流、访学进修，全面提升教师的课程思政教学能力和水平。

**6. 探索开展专业思政工作，拓展育人内涵**

（1）明确建设目标与路径

依据专业人才培养目标和建设需求，以思想政治理论课为依托，整合通识教育课程、学科基础课程、专业课程中的思想政治元素，加强专业思政内涵建设。结合不同专业特点，合理确立专业思政建设目标，明确实施路径。例如，对于经管类专业，突出诚信意识、社会责任、团队协作等价值观教育；对于师范类专业，强化师德师风、教育情怀等方面的培养。

（2）开展试点推广工作

在部分学院积极推动专业思政建设试点工作，总结经验，形成可复制、可推广的模式。鼓励试点学院创新教学方法和评价方式，探索专业思政与专业教育深度融合的有效途径。通过试点先行、以点带面，逐步在全校范围内推进专业思政建设，实现专业教育与思想政治教育同向同行、协同育人。

**7. 推进教学研究与改革，提升教学质量**

（1）加强教学研究工作

紧密结合学校实际情况和教学实践开展教学研究，关注教学改革前沿动态、大学生发展需求和课程建设条件。鼓励教师申报教学研究课题，围绕思想政治教学中的热点、难点问题开展研究，形成具有针对性、有效性的理论成果，为教学改革提供理论指导。定期组织教学研究成果交流与分享活动，促进成果转化应用，切实提高思想政治工作教学质量。

（2）深化教学改革创新

以转变教师教学方式和学生学习方式、评价方式为突破口，全面推进思想政治教学改革。鼓励开展混合式教学，充分利用线上教学资源和平台，创新教学模式，提高教学效率和学生参与度。改革思想政治理论课教学方法与手段，采用案例教学、情景教学、实践教学等多样化教学方法，增强教学的吸引力和感染力。同时，改革考试评价方式，建立健全科学、全面、准确的考试考核评价体系，注重过程考核，全面评价学生的学习效果和思想政治素养。加强实践教学改革，建设红色实践教学基地，精心设计和组织形式多样、富有吸引力的实践教学活动，引导大学生在实践中深化对社会主义核心价值观的理解和践行。

## 4.4.8 探索创新第二课堂育人阵地：构建社会主义核心价值观培育新生态

**1. 明确第二课堂育人导向，坚守价值引领核心定位**

高校第二课堂作为第一课堂的重要延伸与补充，是培育和践行社会主义核心价值观的关键实践场域。新时代背景下，第二课堂建设需要以提升大学生的思想政治素质为根本出发点，紧密贴合大学生思想动态与心理特征，创新课程内容与活动形式，引导大学生树立爱国、爱校、自立、自强的精神品质。通过系统性设计与规范化实施，坚决摒弃娱乐化、形式化、表面化倾向，切实增强实践育人的针对性与实效性，使第二课堂成为社会主义核心价值观内化于心、外化于行的重要载体。

在育人实践中，第二课堂应始终坚持价值引领与能力培养并重的原则。一方面，将社会主义核心价值观深度融入各类活动与课程，通过情境体验、实践参与、互动交流等方式，帮助大学生深化对价值观内涵的理解；另一方面，注重培养大学生的创新精神与实践能力，构建第一课堂与第二课堂协同育人机制，形成理论学习与实践应用相互促进、知识传授与价值塑造有机融合的人才培养模式，为培育德智体美劳全面发展的社会主义建设者和接班人奠定坚实基础。

**2. 细分第二课堂实践类型，构建多元育人课程体系**

为了充分发挥第二课堂的育人功能，学校应对学生参与的实践活动进行系统分类与规范管理，构建起涵盖志愿服务、学术交流、创新创业、文体竞赛等多个领域的多元化课程体系，确保不同兴趣、特长的学生都能在第二课堂中找到成长路径。

（1）志愿服务类：厚植家国情怀，践行社会责任

志愿服务类活动以弘扬奉献精神、培育社会责任感为核心目标，鼓励学生参与校内外各类公益服务。具体涵盖普及文明风尚志愿服

务,如社区文明宣传、环保公益活动;送温暖献爱心志愿服务,包括关爱孤寡老人、帮扶留守儿童;公共秩序和赛会保障志愿服务,如大型赛事、会议的后勤保障;应急救援志愿服务,以及面向残障人士、低收入群体等特殊群体的精准帮扶活动。大学生通过参与这些实践,在服务他人、奉献社会的过程中,深刻体会社会主义核心价值观中"友善""和谐""敬业"的内涵,将个人价值与社会价值紧密结合,实现思想境界的升华。

为了保障志愿服务活动的规范性与持续性,高校应建立完善的学分认定机制。大学生完成规定的志愿服务时长,并提交实践报告与服务对象反馈,经考核合格后,可获得相应学分。同时,设立志愿服务先进个人、优秀团队评选制度,对表现突出的学生和集体进行表彰,激励更多学生投身志愿服务,形成良好的校园公益氛围。

(2) 报告与讲座类:拓宽学术视野,强化价值认同

报告与讲座类活动聚焦学术前沿与思想引领,通过邀请国内外知名专家学者开展主题报告、学术研讨,为大学生搭建高端学习交流平台。大学生参与此类活动,不仅能够获取专业领域的最新知识,更能在思想碰撞中深化对社会主义核心价值观的理解。例如,在人文社科领域的讲座中,学生通过学习中华优秀传统文化、马克思主义理论,增强文化自信与理论素养;在科技创新类讲座中,感悟科学家精神,培育爱国情怀与创新意识。

高校应制定严格的学分认定标准,要求大学生参加讲座后提交高质量的学习心得,内容需结合个人思考与价值观感悟,经教师审核合格后方可获得学分。此外,应定期举办学术沙龙、读书分享会等延伸活动,鼓励学生将所学知识转化为实际行动,实现从知识学习到价值践行的转化。

(3) 创新创业类:激发创新活力,培育奋斗精神

创新创业类活动以培养大学生的创新思维与实践能力为重点,通过组织创新创业竞赛、支持科研项目、孵化创业项目等方式,引

导大学生将社会主义核心价值观融入创新创业实践。大学生参与创新创业竞赛，需围绕社会需求确定项目选题，在解决实际问题的过程中践行"敬业""诚信""创新"等价值观；开展科研项目时，应秉持严谨的治学态度，追求真理、勇于探索；参与创业实践时，则需以社会责任为导向，将商业价值与社会价值有机统一。

高校应构建阶梯式学分认定体系，大学生完成创新创业竞赛的各阶段任务，如项目策划、方案实施、成果展示等，可获得基础学分；若发表学术论文、申请专利、出版专著，或在省级及以上竞赛中获奖，可获得额外奖励学分。同时，设立创新创业孵化基地，为大学生提供政策咨询、资金支持、场地设备等全方位服务，助力优秀项目落地转化，形成以赛促学、以创育人的良好生态。

（4）文体竞赛类：塑造健全人格，弘扬集体精神

文体竞赛类活动以丰富校园文化生活、促进大学生全面发展为目标，鼓励大学生在学生会、社团等组织中积极参与活动策划、组织与执行。通过参与校园文化活动，培养大学生的团队协作能力，增强其集体荣誉感，践行团结、协作、进取精神；在文体竞赛中，发扬拼搏精神，追求卓越，展现青春风采。

高校应对文体竞赛类活动实施分层分类管理，大学生完成学生组织规定的基础任务，如参与活动策划、执行后勤保障等，可获得基础学分；若在省级及以上文体竞赛中获奖，或参与组织大型校园文化活动并表现突出，可获得奖励学分。此外，定期举办校园文化节、体育运动会等品牌活动，为大学生提供展示才华的舞台，营造积极向上、健康文明的校园文化氛围。

### 3. 健全组织管理机制，保障第二课堂有序运行

（1）加强统筹领导，完善管理架构

高校应成立由校领导牵头，学生工作部门、教务处、团委等多部门协同的第二课堂实践创新活动工作领导小组，负责统筹规划第

二课堂建设工作。领导小组全面负责活动的组织协调、制度制定、考核评估及经费保障,确保第二课堂与学校整体育人目标相一致。各学院设立专项工作小组,具体负责本学院第二课堂活动的策划、实施与学分认定,形成校院两级联动、分工明确的管理体系,保障第二课堂活动有序开展。

(2) 强化实践指导,提升育人效果

为确保第二课堂实践活动的质量与成效,学校应加强指导教师队伍建设。一方面,选拔政治素质高、专业能力强的教师担任第二课堂指导教师,明确其工作职责与考核标准,要求教师全程参与实践活动的策划、实施与总结,为大学生提供专业指导;另一方面,定期组织指导教师培训,提升其育人能力与实践指导水平。在社会实践中,学校应秉持"集中资源、擦亮品牌"的理念,精心设计年度重点实践项目,鼓励指导教师与大学生深入基层、贴近实际,在实践中发现问题、解决问题,实现实践育人与价值引领的有机统一。

(3) 深化成果展示,巩固育人成效

高校应重视第二课堂实践成果的总结与展示,通过举办"暑期归来话实践"主题团日活动、实践成果汇报会、优秀案例评选等活动,搭建交流分享平台,引导大学生总结实践经验、分享心得体会。同时,对表现优异的个人与团队进行表彰奖励,并通过校园媒体、公众号等渠道进行宣传推广,发挥榜样示范作用,激励更多大学生积极参与第二课堂活动。此外,高校应建立实践成果转化机制,将优秀实践案例纳入课程教学资源,推动第二课堂与第一课堂深度融合,不断提升育人工作的质量与水平。

## 4.4.9 探索推动学风育人工作:构建"五位一体"价值观培育新范式

**1. 明确学风育人核心定位,夯实价值观根基**

学风建设作为高校思想政治工作的重要基石,是检验办学理念、人才培养质量和管理效能的关键指标。新时代背景下，高校学风建设需紧紧围绕"立德树人"根本任务，坚持"教师主导、学生主体、制度保障、改革驱动、质量为本"的建设方针，聚焦教风学风建设中的痛点与短板，系统发挥教学与学风建设的协同效应，构建常态化育人机制。通过学风建设与社会主义核心价值观培育的深度融合，将价值引领贯穿于教育教学全过程，使大学生在优良学风的浸润中自觉践行爱国、敬业、诚信、友善等价值理念，实现知识学习与价值塑造的同频共振。

**2. 多维发力优化教学秩序，筑牢学风建设制度防线**

（1）强化课堂纪律管理，完善考核监督机制

开展专项教学秩序整顿行动，通过"线上＋线下"双轨监督模式，加大课堂纪律巡查力度。运用智慧教学平台实时监测学生出勤、课堂互动情况，结合人工抽查，形成全方位监督网络。同时，健全师生课堂纪律考核评价体系，将学生课堂表现、作业完成质量、教师教学规范执行情况纳入绩效考核，建立"警告—约谈—惩戒"递进式处理机制。此外，充分发挥学生会、班级的自我管理效能，设立"学风监督岗"，鼓励学生参与课堂纪律维护，形成师生共建、协同治理的良好局面，从制度层面保障课堂教学的规范性与严肃性。

（2）创新教学激励机制，发挥示范引领作用

持续深化"教学奖"评选暨教学观摩活动，通过"名师示范课""青年教师教学竞赛"等形式，搭建教学经验交流平台，推广先进教学理念与方法。同步开展"优秀教学管理工作者"评选，聚焦教学管理服务创新、流程优化等维度，表彰在教学运行保障、质量监控等方面表现突出的管理人员，激发教学管理队伍的积极性与创造性。通过树立教学与管理双维度标杆，形成"以优促教、以评促建"的良性循环，带动整体教学质量提升。

### 3. 发挥党员先锋模范作用,引领学风建设价值导向

(1) 实施党员示范工程,强化师德学风引领

发起"一名党员一面旗帜"主题行动,将学风建设与"两学一做"学习教育常态化相结合。在教师群体中,组织党员教师开展"师德承诺践诺"活动,通过教学公开课、科研项目领办等形式,发挥其在课程思政、教学创新中的示范作用;在学生群体中,建立党员学风帮扶小组,开展"一对一"学业辅导、"党员学霸讲堂"等活动,引导学生党员在学风建设中亮身份、树形象、作表率,以先锋力量带动全体学生端正学习态度,营造比学赶超的浓厚氛围。

(2) 深化师德师风建设,厚植育人文化土壤

以"师德建设教育月"为载体,组织教师深入学习《中华人民共和国教师法》《中华人民共和国教育法》等法律法规,开展"大国工匠"劳模精神专题学习,引导教师涵养高尚师德。通过评选"师德师风建设先进单位""师德标兵""我最喜爱的老师"等,挖掘并宣传优秀教师典型事迹,运用校园官网、微信公众号、短视频平台等媒介进行立体化传播,形成"学先进、赶先进、当先进"的良好风尚。同时,建立师德师风负面清单制度,对违反师德行为"零容忍",筑牢师德底线,为学风建设提供坚实的师资保障。

### 4. 全链条培育教师队伍,夯实学风建设人才支撑

(1) 完善新教师培养体系,强化职业认同感

构建"岗前培训—入职宣誓—助教培养"一体化新教师成长路径。岗前培训阶段,设置校史校情、师德规范、教学技能、课程思政等模块,邀请教学名师、优秀管理干部开展专题授课;组织入职宣誓仪式,强化教师职业使命感与责任感;实施青年教师"助教制",安排资深教师"一对一"结对指导,通过随堂听课、教案打磨、科研协作等方式,帮助新教师快速提升教学科研能力,实现从

"站稳讲台"到"站好讲台"的跨越，为学风建设注入源头活水。

（2）推进学风基础专项建设，涵养大学生成长生态

围绕大学生自主学习能力、文明素养、心理健康等核心要素，开展"向学、向善、向上"学风基础建设行动。实施"学子好习惯养成计划"，通过晨读打卡、无手机课堂、时间管理工作坊等活动，培养大学生的自律意识；推进班团建设创新，打造"特色团支部""学霸班级"，增强集体凝聚力；深化公寓文化育人功能，开展文明寝室评比、宿舍读书会等活动，将公寓打造成学风建设的第二阵地；加强心理健康教育，通过心理讲座、团体辅导、危机干预等措施，为大学生健康成长保驾护航，构建全方位、立体化的学风培育生态。

**5. 创新文化活动载体，营造浓厚价值浸润氛围**

（1）打造书香校园品牌，深化文化育人功能

持续推进"读书点亮青春"系列活动，构建"阅读推广—读书分享—成果展示"全链条阅读生态。举办"读书文化节"，开展经典诵读、书评征文、图书漂流等活动；创新打造"读县志、知中国"特色项目，引导大学生从地方史志中感悟家国情怀；构建校院两级大学生辩论活动体系，以"辩"促"读"、以"读"明"理"，培养大学生的批判性思维与文化自信。通过丰富多元的阅读实践，将社会主义核心价值观融入书香文化，让大学生在经典阅读中汲取精神养分，实现文化浸润与价值塑造的有机统一。

（2）深化创新创业实践，培育学生奋斗精神

完善以"挑战杯""创青春"为龙头的创新创业竞赛体系，构建"启蒙—培育—孵化"三级培养机制。开设创新创业通识课程，举办创业大讲堂、项目路演等活动，激发大学生的创新意识；依托大学生创业园，提供政策咨询、项目孵化、资金对接等一站式服务，推动优秀项目落地转化；加强与企业、行业协会合作，共建校外实践基地，开展产学研协同育人。同时，拓展社会实践与公益志愿服

务平台,组织"社区治理"等主题实践活动,引导大学生在服务社会中践行责任担当,将社会主义核心价值观转化为具体行动。

**6. 构建全员育人新格局,实现学风建设协同增效**

(1) 拓展后勤育人功能,强化服务价值引领

开展后勤"管理育人、服务育人"专题教育,推动后勤人员从"保障者"向"育人者"角色转变。通过改善校园基础设施、优化服务流程,为师生营造舒适学习生活环境;开展公物爱护教育、"文明就餐、光盘行动""爱国卫生运动"等主题活动,将勤俭节约、爱护环境等理念融入日常管理中;组织学生参与后勤服务体验日、消防演练等活动,搭建学生与工勤人员互动平台,增进理解与尊重,实现服务管理与价值引领的深度融合。

(2) 构建"五位一体"育人体系,凝聚学风建设合力

通过教风学风联动、师生协同、部门协作,构建教书育人、管理育人、服务育人、文化育人、环境育人"五位一体"的学风建设新格局。以教风建设为引领,提升教师育人水平;以管理创新为保障,优化制度环境;以服务提质为支撑,夯实育人基础;以文化浸润为载体,厚植价值根基;以环境营造为依托,打造育人空间。通过各环节紧密衔接、各要素协同发力,形成全员参与、全过程贯通、全方位覆盖的学风育人体系,推动社会主义核心价值观在校园落地生根,为培养担当民族复兴大任的时代新人提供坚实保障。

# 第五章 教师层面的价值观分析

## 5.1 从教师层面分析新时代大学生培育和践行社会主义核心价值观现状

### 5.1.1 坚定高校教师政治信仰

政治自觉体现为对发展的中国化的马克思主义的坚定信仰,对中国特色社会主义理论体系的认同与尊重,以及对中国特色社会主义制度的深刻认识。这种政治信念与个人世界观、人生观、价值观相融合,成为指导个人行为的根本准则、奋斗目标和最高价值取向。在新时代背景下,一些青年教师的政治参与度不高,政治观念淡化,甚至出现"政治冷漠症",对主流意识形态的认同出现偏差,对错误的价值观和政治理论不能正确地作出判断,对传统的信仰、自身职业价值产生怀疑,理想信念产生动摇。本书通过问卷调查的方式,收集了大量数据和信息,结果显示,32.25%的受访青年教师对政治理论教学只是偶尔学习,8.66%的受访青年教师表示从来不开展政治理论学习,1.57%的受访青年教师持无所谓的看法,35.83%的受访青年教师表示对此还不清楚,只有21.69%的青年教师表示经常学习,如图5-1所示。根据这些相关数据,不难发现,部分高校青年教师存在政治理论学习积极性不高的问题,其政治信仰不够坚定,缺乏明确的远大理想,对社会主义核心价值观的理解尚显肤浅,对党的路线、方针、政策的认识也存在不足。这些高校青年教师师德修养的不足，不仅影响了其自身的形象，更为严重的是，他们为部分大学生树立了错误的思想导向，这无疑加大了培养大学生坚定政治信仰、理想信念和正确社会认知的难度。此外，还有部分教师在言行举止上未能充分展现对社会主义核心价值观的认同与践行，更有甚者，在公共场合发表不当言论，严重违背了教师应具备的职业操守和行为准则。

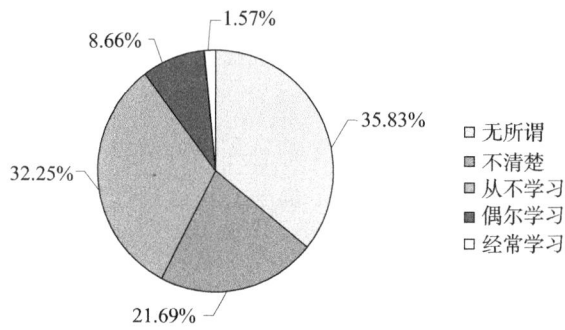

图 5-1 受访青年教师政治理论学习情况

例如，2021 年 4 月，九江学院教师朱某某在网上发表不当言论，散布不良信息，其行为违反了《新时代高校教师职业行为十项准则》第一项规定。依据《事业单位工作人员处分暂行规定》（已于 2023 年 10 月 8 日废止）第 7 条，朱某某因违反规定受到行政警告处分，处分期间为六个月，其间不得聘用到高于现聘岗位等级的岗位，并且在作出处分决定的当年，年度考核不能确定为优秀等次。同时，根据《教育部关于高校教师师德失范行为处理的指导意见》，朱某某被调离教学岗位。其所在学院党政主要负责人向学校党委作出检讨。这一事件不仅损害了教师个人的形象，也对高校教师队伍的整体形象造成了不良影响。引起了社会各界的广泛关注和讨论。

另外，在高等教育领域，一些高校教师的敬业精神和育人意识显得相对薄弱。

爱岗敬业精神是社会主义核心价值观在教师个人方面的基本内

涵之一，在教师的职业道德方面主要体现为甘当人梯、无私奉献、为人师表。高校青年教师职业道德的总体状况相对良好，他们热爱本职工作，并能不断创新工作方法，但一些高校教师的敬业精神和育人意识相对薄弱，仍然存在一些不尽如人意的地方。相关研究表明，有39.2%的高校管理者指出，高校青年教师存在在外兼职的现象，41.3%的高校管理者认为高校青年教师在专业教育中未能充分渗透德育内容，而53.1%的高校管理者则指出高校青年教师存在重科研轻教学的问题。这就表明，尽管我国高校青年教师的职业认同感总体尚可，但在多种因素的影响下，部分高校教师仍存在若干不容忽视的师德师风问题，如敬业精神不足、教书育人能力欠缺、对教学和科研投入有限等，阻碍了部分高校教师团队整体教学水平的提升及教学人才的培养。此外，部分教师在授课过程中忽视了学生的全面发展，未能切实履行教书育人的神圣职责，这在一定程度上制约了部分大学生在道德修养、社会责任感等方面的成长。因此，高校教师敬业精神和育人意识的提升，对于提高高等教育质量、促进学生全面发展具有至关重要的作用。

## 5.1.2 提升高校教师自身修养

部分高校青年教师由于对加强自身师德修养的自觉性不足，在主观上放松了自我约束。部分高校青年教师容易忽视自身修养，主要有以下两种情况：一是部分高校青年教师一般社会阅历较浅，经验不丰富，对社会上各种诱惑的抗干扰能力较弱，容易受物质利益的影响；二是部分高校青年教师虽然专业理论知识扎实，但是学科视野比较狭窄，解决实际问题的能力不够强，创新能力和发展后劲不足。由此可以看出，部分高校青年教师因懈怠于自我修养的提升，缺乏奋斗热情；或受物质利益诱惑，师德修养不足，难以提升。为了适应新时代的教育需求，高校教师须强化师德修养，提升辨识力，紧跟时代步伐，持续学习新知识，钻研业务。同时，高校应加大对教师的培训指导力度，帮助其树立正确的价值观与职业道德观，从而切实履行教书育人的神圣使命。

例如，为了打造高校社会主义核心价值观培养的新途径、完善全员教育的局面，东北大学积极实施学生导师机制。通过选拔200余名"班级导师"，完善班级导师培养体系，着重掌握新生的思想认识与精神成长规律，丰富培养内涵与方式，引导他们坚定践行社会主义核心价值观，将社会主义核心价值观建设真正落到实处，使社会主义核心价值观真正内化为主动的思想认识、外化为主动的行为方式，在大学生的价值追求、道德素质、日常行为等方面，该机制的作用日益显现。该校教育学部为了充分发掘高校的优质人才，积极建立了研究生导师制度。每个班级除了有一名学生辅导员，还有一个特殊的领导角色——学生教师。这个角色的特殊之处在于，他们中有的是学院领导，有的是系主任，还有的是名师。他们担任学生领导干部时，凭借自身丰富的教学经验，与本科生紧密融合，重点指导学生思维拓展、学业进步、生活规划及辅导员工作。这一体制的目标是，将青年大学生培养成践行社会主义核心价值观的"引领人"。

## 5.1.3 加强师资队伍建设

自党的十八大以来，以习近平同志为核心的党中央高度重视思想政治工作，全面加强党对教育工作的领导，坚持立德树人，先后召开了全国高校思想政治工作会议、全国教育大会、学校思想政治理论课教师座谈会等重要会议，深刻解答了事关高等教育事业发展、高校思想政治工作、办好人民满意的教育等一系列重大问题，使教育事业的中国特色更加鲜明，人民在教育方面的获得感明显增强。在全国高校思想政治工作会议上，习近平总书记提出："要加强师德师风建设，坚持教书和育人相统一，坚持言传和身教相统一，坚持潜心问道和关注社会相统一，坚持学术自由和学术规范相统一，引导广大教师以德立身、以德立学、以德施教。"❶ 在学校思想政治理论课教师座谈会上，习近平总书记明确指出："办好思想政治理论课关键在教师，关键在发挥教师的积极性、主动性、创造性。思政课教师，要给学生心灵埋下真善美的种子，引导学生扣好人生第一粒扣子。"❷ "第一，做好老师，要有理想信念……第二，做好老师，要有道德情操……第三，做好老师，要有扎实学识……第四，做好老师，要有仁爱之心。"❸

教师应以崇高的品德标准来指导自己的行为、学习和教育工作。作为思政课教师，有责任在学生的心中深播正义、善良与美德的种子，帮助他们成长为能够支撑社会发展的栋梁之材。这是新时代高校教师，特别是思政课教师实现自我发展的前提基础和基本标准。因此，不断提升高校教师队伍的整体素质是我国高等教育发展的重要任务，应充分发挥教师在思政教育改革发展中的重要作用。

为全面建成社会主义现代化强国，国家对教师队伍建设提出了新的更高的要求，也对全社会尊师重教提出了新的更高的要求。教师是教育事业之基石，亦是教育兴盛之源泉。为落实立德树人根本任务，每位教师都应珍视人民教师的荣耀与使命，严于律己，不懈完善自我，矢志不渝地投身于教书育人的事业当中，秉持热爱教育的信念，坚守淡泊名利的情操，在教书育人的岗位上为党和国家的事业添砖加瓦，贡献力量。进入新时代，教师角色更显多元化，任务也更加繁杂，然而其核心使命当属立德树人。立德树人本质上就是全面贯彻党的教育方针，坚持实施素质教育，在教书过程中育人，在育人过程中将德育放在首位，努力培养能够担当民族复兴大

---

❶ 习近平在全国高校思想政治工作会议上强调：把思想政治工作贯穿教育教学全过程 开创我国高等教育事业发展新局面 [N]．人民日报，2016 - 12 - 09 (01)．

❷ 习近平．用新时代中国特色社会主义思想铸魂育人 贯彻党的教育方针落实立德树人根本任务 [N]．光明日报，2019 - 03 - 19 (01)．

❸ 习近平：做党和人民满意的好老师——同北京师范大学师生代表座谈时的讲话 [EB/OL]．(2014 - 09 - 10) [2024 - 12 - 15]．https：//www.gov.cn/xinwen/2014 - 09/10/content_2747765.htm．

任的时代新人，培养德智体美劳全面发展的社会主义建设者和接班人。从这个意义上讲，加强教师队伍建设，尤其要加强思想政治理论课教师队伍建设，这是新时代落实立德树人这一根本任务的关键所在。

## 5.2 从教师层面分析新时代大学生培育和践行社会主义核心价值观存在的问题

大学生对社会主义核心价值观由了解到接受再到实践，社区、高校、家庭教育均应承担相应的教育引导职责。具体到高校，大学的生活条件、师资力量、与其他同学之间的关系等对社会主义核心价值观培育具有一定的影响。在新时代大学生思想政治教育体系中，高校教师作为社会主义核心价值观的直接传播者与践行示范者，其认知水平和教学实践直接影响着价值引领的成效。教师不仅是传授知识的引路人、解答疑惑的智者，更是大学生在高校中接触最多、受影响深远的重要人物。然而，部分教师在提升大学生对社会主义核心价值观的认知与理解方面，尚存在一定的不足。

### 5.2.1 部分高校教师主观认识不足

部分高校教师们在长期的教学与探索历程中，早已养成了自己的思考方式，更注重在自身范围内进行探索，以体现个人的价值。他们在政策法规和思政课程的讲授中，教学方式往往显得简单、片面且形式化，有可能在未深入理解知识点的情况下，出现选择性接受、伪参与、甚至直接回避、敷衍了事的现象。这些问题导致部分教师对社会主义核心价值观相关理论知识理解不足。在传授社会主义核心价值观相关知识时，他们往往难以深入剖析，只能照本宣科或半机械式地传授，缺乏结合具体事例的生动讲解，使学生感到困惑不解，进而导致部分大学生在观念上对社会主义核心价值观缺乏关注。

**1. 传统教育思维定式导致认知路径依赖**

长期以来，高校教师群体形成了鲜明的学科化、专业化思维特征。在学术研究主导的评价体系下，部分教师更倾向于深耕专业领域，将个人学术成就与教学成果作为职业发展的核心指标。这种价值取向使得部分教师在思想政治教育领域投入精力不足，将社会主义核心价值观教育简单等同于政策性文件的传达或思政课程的常规教学，未能认识到其作为贯穿教育全过程的灵魂性作用。

在传统教学范式中，部分教师将思想政治教育与专业课程割裂开来，形成"重学术轻思政"的思维定式。以部分理工科教师为例，在工程制图、电路原理等课程教学中，其往往聚焦于公式推导和技术应用，忽视了其中蕴含的工匠精神、创新精神等价值元素；人文社科领域的部分教师则容易陷入理论阐释的惯性，将价值观教育简化为概念解读，缺乏与现实生活的有机结合。这种认知偏差导致社会主义核心价值观教育在专业课堂中难以形成有效渗透，削弱了教育的整体性与连贯性。

**2. 政策法规理解偏差引发教学形式化**

在新时代，社会主义核心价值观教育有着系统的理论架构和实践要求。但部分教师对相关政策法规的理解存在表层化、碎片化等问题，未能把握其精神实质和价值内涵。调查显示，在参与过思政培训的教师中，仍有35%的受访者对《新时代公民道德建设实施纲要》《高等学校课程思政建设指导纲要》等文件的核心要义理解不深，导致教学过程中出现机械套用政策表述、忽视价值引导规律的现象。

这种理解偏差直接反映在教学方式的形式化倾向中。部分教师在课堂讲授时，将社会主义核心价值观教育异化为简单的口号灌输，通过PPT文字堆砌、文件原文朗读等方式完成教学任务。例如，在某高校的教学评估中，思政课堂中"案例教学法"的实际应用率不足 20%，部分课程仍以单向讲授为主，缺乏互动性与启发性。这种教学模式不仅难以激发大学生的学习兴趣，更无法实现价值观教育入脑入心的目标。

**3. 价值传播能力不足造成教育实效弱化**

社会主义核心价值观的培育需要教师具备深厚的理论功底、敏锐的现实洞察力和灵活的教学方法。但部分教师在理论阐释能力、实践转化能力和话语创新能力方面存在短板。在理论层面，其对马克思主义中国化最新成果的学习研究不够深入，难以将抽象的理论概念转化为大学生易于理解的话语体系；在实践层面，其缺乏结合社会热点和大学生生活实际开展教育的能力，导致教学内容与现实脱节。

这种能力不足在价值传播过程中表现为多重困境。当面对网络舆情事件、社会热点争议时，部分教师无法及时回应学生关切，甚至出现价值引导失范现象。例如，在某次关于人工智能伦理的课堂讨论中，有教师未能从社会主义核心价值观角度进行正确引导，导致学生对技术伦理问题产生认知偏差。这种教育实效的弱化，不仅影响大学生对主流价值观的认同，还可能造成价值判断的混乱。

**4. 认知不足引发的连锁反应与深层影响**

教师认知不足带来的直接后果，是大学生对社会主义核心价值观的理解停留在表面。调查显示，约 40% 的大学生认为思政课程"内容枯燥、脱离实际"，62% 的大学生表示"难以将价值观理论与个人生活建立联系"。这种认知困境进一步导致价值认同的弱化，部分大学生出现"知而不信""信而不行"的现象，将社会主义核心价值观视为考试需要记忆的知识点，而非内化于心的价值准则。

从长远来看，部分教师认知偏差还可能引发价值传承的断层风险。在信息爆炸的时代背景下，部分大学生每天接触大量多元价值观念，若教师不能以正确的认知和有效的方法进行引导，极易使部分大学生受到错误思潮的影响。例如，某高校的网络调查显示，在接触过西方个人主义、历史虚无主义等错误观点的大学生中，约30%表示缺乏教师的正面引导，这种状况影响着社会主义核心价值观的代际传承。

### 5.2.2 部分高校教师课程思政认知和准备不足

在新时代高等教育深化改革的进程中，课程思政作为落实立德树人根本任务的关键举措，承载着将社会主义核心价值观融入教育教学全过程的重要使命。然而，当前部分高校教师在课程思政建设中暴露出的认知偏差与准备不足问题，正成为制约部分大学生社会主义核心价值观培育实效的关键症结。这种能力短板不仅体现在教学实践的表层操作层面，更折射出部分教师在教育理念转型、知识体系重构、资源整合运用等深层领域的适应性困境，亟须从理论认知、实践能力、教学方法、制度保障等维度展开系统性分析。

**1. 部分高校教师课程思政理论认知的表层化与片面化**

自2014年"课程思政"概念被提出以来，虽然在全国范围内引发了广泛关注，但部分教师对其内涵的理解仍停留在初级阶段。调查数据显示，在参与过课程思政培训的教师中，有些受访者将课程思政简单等同于"在专业课中加入思政案例"，未能认识到这是一种将价值塑造、知识传授和能力培养融为一体的教育理念革新。这种认知偏差导致课程思政实践存在两种典型误区：一是"贴标签式"教学，即在课堂结尾生硬地插入几句思政口号；二是"泛化式"应用，即将所有教学内容牵强附会地与思政元素关联，反而削弱了专业教学的逻辑性。

在教育理念层面，部分教师未能把握课程思政的本质特征，在传统教育思维下，专业课程与思政课程长期处于割裂状态，形成"思政课是思政教师的事"的固化认知。以理工科教师为例，部分人认为机械原理、材料力学等课程只需传授技术知识，忽视了其中蕴含的工匠精神、创新精神等价值元素；人文社科领域的部分教师则容易陷入理论阐释的惯性，未能将马克思主义立场观点方法融入具体知识讲解中。这种理念层面的认知局限，使课程思政难以形成系统性、整体性的育人效应。

**2. 部分高校教师课程思政元素挖掘能力的结构性缺失**

课程思政建设要求教师具备从专业知识体系中精准提炼思政元素的能力，但现实中部分教师存在明显的能力短板。在对某省高校的抽样调查中，仅有28%的教师能够系统梳理专业课程中的思政元素，超过半数的教师表示"找不到合适的切入点"。这种能力缺失主要体现在三个方面：一是对专业知识背后的价值内涵缺乏敏感度，无法发现其中蕴含的家国情怀、科学精神等育人元素；二是对思政理论知识掌握不扎实，难以将专业内容与社会主义核心价值观建立有机联系；三是缺乏跨学科整合能力，无法实现知识传授与价值引领的深度融合。

以经济学课程为例，部分教师在讲授市场机制理论时，仅停留在供求关系、价格机制等知识层面，未能结合共同富裕目标、社会主义市场经济特色等内容进行价值引导；在文学赏析课程中，部分教师往往侧重于文本解读，忽视了作品中体现的民族精神、文化自信等思政元素。这种能力缺失导致课程思政教育浮于表面，难以实现入脑入心的育人效果。

**3. 部分高校教师课程思政教学方法创新的实践困境**

有效的课程思政需要科学的教学方法进行支撑，但当前部分教师在教学方法创新方面存在一定不足。传统的单向灌输式教学模式仍然占据主导地位，调查显示，65%的课程思政课堂仍以教师讲授为主，缺乏互动性和启发性。部分教师虽意识到案例教学、情景教学等方法的重要性，但在实际操作中存在以下问题：案例选取陈旧单一，未能结合社会热点和大学生生活实际；教学环节设计缺乏系统性，未能形成完整的价值引导链条；信息技术应用能力不足，难以发挥新媒体在课程思政中的优势作用。

在混合式教学改革背景下，这种教学方法的滞后性更加凸显。部分教师对在线教学平台、虚拟仿真技术等新工具应用不熟练，无法将课程思政内容有效融入线上线下教学环节。例如，某高校的教学评估显示，在开展课程思政的在线课程中，仅有18%的课程实现了思政元素与数字资源的有机融合，多数课程仍存在"两张皮"现象。

**4. 制度保障缺失加剧部分教师准备不足困境**

课程思政建设是一项系统工程，需要完善的制度保障和资源支持。但现实中，一些高校尚未建立健全课程思政建设的长效机制。在组织保障方面，缺乏专门的课程思政研究机构和指导团队，部分教师在建设过程中缺乏专业指导；在资源获取方面，优质课程思政教学案例库、教学资源平台等建设滞后，部分教师获取资源的渠道有限；在考核评价方面，尚未形成科学合理的课程思政评价指标体系，部分教师开展课程思政的积极性难以得到充分调动。

部分高校培训体系不完善也是导致教师准备不足的重要原因。目前，一些高校的课程思政培训存在内容碎片化、形式单一化等问题，培训内容多以政策解读为主，缺乏教学技能、案例开发等实践指导；培训方式以讲座、报告为主，缺乏工作坊、案例研讨等互动形式。例如，某省高校的教师培训满意度调查显示，仅有32%的教师认为现有培训能够有效提升课程思政教学能力。

## 5.2.3 学生对部分教师的认同感不足

在新时代大学生社会主义核心价值观培育体系中，师生关系的质量直接影响着价值引领的效果。教师作为价值观教育的重要主体，其在大学生群体中的认同感与权威性，是实现教育目标的关键前提。然而，当前部分高校存在学生对教师认同感不足的现象，这一问题不仅源于师生互动模式的变革与教育生态的重构，更折射出部分教师在角色定位、价值传递方式等方面存在的不足，已成为制约大学生社会主义核心价值观培育成效的重要隐性壁垒。

**1. 部分师生互动模式异化导致情感联结弱化**

高校教师工作的特殊性使得传统的师生互动模式发生了深刻变革。在"非升即走"的考核压力与学术评价体系驱动下，教师群体普遍面临着教学与科研的双重挤压。相关调查显示，超过65%的教师每周用于科研工作的时间超过25小时，而留给学生课外指导的时间不足5小时。这种时间分配失衡直接导致师生接触呈现"课堂化""碎片化"特征——部分教师课后即离场、办公时间不固定，学生难以获得充分的线下交流机会。例如，某重点高校的调研数据显示，仅有18%的学生能够定期与教师进行课外学术或思想交流。

数字化时代的到来进一步加剧了师生互动的虚拟化倾向。虽然线上沟通工具为师生交流提供了便利，但这种缺乏情感温度的互动方式难以替代面对面交流的深度与广度。相关问卷调查显示，62%的大学生认为线上沟通"难以建立信任关系"，37%的大学生反映教师对线上提问的回复存在延迟或敷衍现象。这种互动模式的异化，使得部分师生关系逐渐演变为"课程契约关系"，情感联结的弱化直接影响了大学生对部分教师的认同基础。

**2. 部分教师教育投入不足引发教学质量滑坡**

繁重的非教学任务挤占了教师的教育投入。除教学科研工作外，高校教师还需承担监考、会议、行政事务等额外工作。例如，某省属高校的统计数据显示，教师年均承担非教学任务时长超过300小时，相当于减少了40%的教学准备时间。这种超负荷工作状态导致部分教师难以全身心投入教学，直接表现为教学方法陈旧、课堂互动缺失、个性化指导不足等问题。在课堂教学中，约45%的教师仍采用"填鸭式"讲授，仅有23%的课程能实现有效互动。

部分教师对大学生个体关注度的下降进一步加剧了认同感危机。由于难以记住学生姓名、不了解学生特点，部分教师无法针对学生的个性化需求开展教育，导致教学缺乏针对性和感染力。例如，在某次师生关系调研中，58%的学生表示"从未与教师进行过一对一深度交流"，43%的学生认为教师"不了解自己的思想困惑"。这种情感疏离使得学生难以对部分教师产生信任与认同，价值观教育也因此失去了重要的情感基础。

**3. 价值传递方式滞后削弱部分教师权威性**

在信息爆炸的时代背景下，传统的说教式价值传递方式正面临前所未有的挑战。部分教师仍沿用单向灌输的教育模式，将价值观教育简化为政策宣讲和理论说教，缺乏对大学生心理特点和认知规律的把握。例如，某高校课堂观察显示，在涉及价值观教育的课程中，76%的教学时间用于理论讲解，仅有8%的时间用于案例分析和互动讨论。这种陈旧的教学方式不仅难以激发学生兴趣，更易引发其抵触情绪。

与新兴媒体和网络文化的竞争进一步弱化教师权威。在微博、抖音等社交平台上，网络"大V"和明星偶像凭借生动有趣的表达方式和贴近生活的内容，吸引了大量大学生的关注。相比之下，部分教师在价值传递过程中存在语言表达生硬、案例陈旧、缺乏时代感等问题，难以与大学生建立情感共鸣。调研显示，当面对社会热点问题时，67%的大学生会优先参考网络意见领袖的观点，仅有21%的大学生会主动寻求教师指导。这种话语权的转移，削弱了部分教师在价值观教育中的主导地位。

**4. 认同感不足对价值观培育的连锁效应**

大学生对部分教师认同感的不足，直接影响着社会主义核心价值观教育的实效性。当大学生对部分教师缺乏信任和认同时，教育内容便难以真正入耳、入脑、入心。研究表明，在师生关系融洽的班级中，学生对价值观教育的接受度比普通班级高出34%；而在认同感不足的环境下，有些大学生将价值观教育视为"不得不完成的任务"。这种被动接受的态度，使得社会主义核心价值观培育流于形式，难以实现内化于心、外化于行的教育目标。

从长远来看，认同感不足还可能影响部分大学生的价值选择和人格发展。有些教师作为学生成长道路上的重要引路人，其权威性的弱化可能导致学生在面对多元价值观冲击时缺乏正确引导，进而产生价值困惑和行为偏差。例如，某高校心理健康中心的数据显示，在存在价值认知偏差的学生中，68%的人表示"从未与教师探讨过价值观问题"，这种教育上的不足对大学生的健康成长构成了潜在威胁。

## 5.3 从教师层面分析新时代大学生培育和践行社会主义核心价值观存在问题的原因

### 5.3.1 社会转型带来的冲击和挑战

改革开放以来，我国社会经历着深刻的结构性变革，市场经济的全面深化与全球化背景下的多元文化碰撞，共同塑造了复杂多变的社会生态。这种转型不仅重构了经济运行逻辑与社会关系模式，也在思想文化领域影响着高校青年教师群体的价值取向与教育实践，进而对新时代大学生社会主义核心价值观培育形成了深层次挑战。

**1. 市场经济的蓬勃发展重塑了社会价值评价体系，功利主义与实用主义思潮在一定程度上存在**

在"效率优先"的市场逻辑主导下，物质财富积累与个人成就量化成为部分群体衡量价值的核心标准。高校青年教师作为兼具知识理想与现实压力的特殊群体，正处于职业发展初期，面临着科研考核、职称晋升、经济负担等多重压力。据《中国高校教师发展报告》显示，超过60%的青年教师将科研成果作为职业发展的首要目标，教学投入时间普遍不足总工作时长的30%。这种资源分配失衡导致部分教师将教育工作异化为获取学术资本的工具，在课堂教学中重知识传授、轻价值引导。例如，某高校青年教师在指导学生时，更倾向于推荐能快速产出论文的研究方向，而忽视了对学生学术伦理与社会责任的引导，这种行为潜移默化地影响着学生的价值判断。

**2. 全球化浪潮下的文化交融加剧了思想观念的多元碰撞**

随着互联网技术的普及，西方个人主义、消费主义、历史虚无主义等思潮通过社交媒体、影视作品等载体快速传播，与中华传统文化中的集体主义、家国情怀及社会主义核心价值观形成了直接冲突。青年教师群体思维活跃、信息接受能力强，但部分青年教师由于其马克思主义理论基础相对薄弱、政治鉴别力不足，容易陷入价值选择的困惑。例如，某高校意识形态调研显示，约25%的青年教师对西方某些不良价值观存在模糊认知，在课堂讨论中难以从理论高度回应学生关于中西制度差异的疑问；更有部分教师在社交媒体上传播未经思辨的西方观点，削弱了主流价值观的权威性。这种思想上的摇摆不仅导致部分教师在社会主义核心价值观教育中缺乏自信，更可能在教学实践中造成学生的认知混乱。

**3. 社会转型期的利益格局调整，进一步弱化了部分青年教师的职业信念与社会责任**

在高等教育大众化背景下，高校教师队伍规模迅速扩张，青年教师占比逐年上升，但配套的职业发展支持与思想引领机制却相对滞后。部分青年教师因面临生活成本攀升、学术资源竞争激烈等现实困境，逐渐将教师职业视为单纯的谋生手段，而非实现教育理想的事业追求。例如，在某省教育厅的师德师风专项调查中，约18%的青年教师承认自己存在备课敷衍、忽视学生思想动态等问题，甚至出现学术不端、违规兼职等行为。这种职业精神的淡化直接影响其在价值观教育中的示范作用——当教师自身缺乏对社会主义核心价值观的深刻认同与践行时,学生自然难以从其言行中汲取精神力量。

**4. 网络舆论生态的复杂化给部分青年教师的思想稳定带来新的挑战**

在算法推荐与碎片化传播的影响下,网络空间中充斥着大量未经证实的信息与极端化观点,部分青年教师因缺乏系统的马克思主义理论训练,容易受到错误思潮的误导。例如,面对网络上关于历史虚无主义的错误言论,部分教师未能及时从理论层面予以驳斥,甚至在思想上产生共鸣;在公共事件讨论中,个别教师片面强调个体自由,忽视了集体利益与社会责任,这些言行不仅损害了部分教师的公信力,也影响社会主义核心价值观教育的说服力与感染力。

### 5.3.2 部分高校师德建设机制滞后

进入 21 世纪,我国高等教育经历了从精英化到大众化,再向普及化迈进的跨越式发展。高校规模持续扩张,学校数量快速增长,师资队伍建设需求激增,但在重数量扩充、轻质量提升的发展惯性下,师德建设机制的滞后性在一定程度上影响了对新时代大学生社会主义核心价值观的培育。这种机制性缺陷不仅体现为制度设计不足,更反映为执行效能的不足,影响着部分教师的价值导向与育人实践。

**1. 从制度供给层面看,部分高校师德建设的顶层设计与新时代教育需求存在脱节**

随着高等教育内涵式发展的推进,教师职业行为规范、价值引领责任等要求不断细化,但部分高校现行师德建设制度仍存在内容陈旧、标准模糊等问题。例如,部分高校沿用十年前制定的师德规范，未将课程思政、网络言行规范、学术伦理等新时代要求纳入其中；考核指标体系仍以科研成果、教学工作量等量化标准为主，对教师思想引领能力、价值示范作用等"软指标"缺乏科学评估方法。例如，某省教育厅调研显示，超过60%的高校未建立常态化师德失范预警机制，导致师德问题往往在酿成重大事件后才被动介入处理，难以实现预防与引导功能。

**2. 部分高校师德培训体系的形式化倾向削弱了教育实效**

部分高校在青年教师培养环节，岗前培训普遍存在"重技能、轻师德"现象，将师德教育压缩为几场讲座或政策文件宣读，缺乏系统性、实践性内容。例如，某高校新入职教师培训数据显示，师德专题课程仅占总培训时长的12%，且内容多为法律法规条文解读，缺少典型案例分析、情景模拟训练等互动环节。在职教师培训同样存在走过场问题，部分院校将师德培训简化为会议签到、文件传阅，甚至以科研学术活动替代师德专题学习。这种培训模式导致部分教师对师德规范理解停留在表面，难以内化为职业自觉，更无法在价值观教育中发挥示范作用。

**3. 部分高校考核评价机制的失衡加剧了教师价值导向的偏差**

当前，部分高校教师评价体系存在"重科研、轻育人"倾向，将论文发表数量、课题经费额度等指标作为晋升、评优的核心依据，而师德表现往往仅作为"一票否决"的底线要求。这种评价导向使部分教师将主要精力投入科研，对课堂教学、学生思想引导则敷衍了事。例如，某重点高校的教师考核数据显示，在职称评审中，科研成果权重高达70%，而师德评价仅占5%，且缺乏具体量化标准。在这种机制下，部分教师为了追求短期学术成果，甚至出现学术不端、师生关系功利化等问题，损害了部分教师的公信力与价值观教育的权威性。

**4. 部分高校师德监督与激励机制的不完善，进一步削弱了其践行职业道德的动力**

一方面，部分高校师德监督存在"宽松软"现象，对隐性师德问题，如课堂言论失范、师生交往不当等缺乏有效监管手段；另一方面，激励机制单一化，多以荣誉表彰为主，缺乏与职业发展、资源分配的实质性挂钩。例如，某高校的师德表彰案例显示，获得"师德标兵"称号的教师在职称评审、科研资源分配中未获得任何政策倾斜。这种重约束、轻激励的机制设计，使部分教师难以从师德建设中获得实际价值认同，进而降低了其在社会主义核心价值观教育中的主动性与创造性。

## 5.3.3 自身道德修养有待提高

在高等教育领域，教师不仅是知识的传授者，更是大学生价值观塑造的引路人。"学高为师，身正为范"的古训深刻揭示了教师道德修养对育人工作的决定性作用。然而，在社会转型与多元价值碰撞的时代背景下，部分高校教师道德修养不足的问题日益凸显，其失范行为不仅损害了部分教师的职业声誉，更影响了社会主义核心价值观培育的教育根基，也成为影响部分大学生价值认同与行为践行的阻碍。

**1. 市场经济下存在的逐利性与社会功利性现象，对教师群体的道德自律形成冲击**

在当前存在的不良社会氛围中，部分教师的职业理想逐渐被物质欲望所侵蚀，出现了价值错位。中国教育科学研究院的抽样调查显示，近年来网络曝光的高校教师师德失范事件中，学术不端、师生关系不当、职业懈怠等问题占比较大。在科研领域，抄袭剽窃、数据造假、论文代写代发等学术腐败现象依然存在，此类事件不仅破坏了学术生态，更向部分大学生传递了错误的价值信号；在师生交往中，个别教师利用职权谋取私利，甚至发生性骚扰等严重违背师德的行为，直接损害了部分大学生的身心健康与价值认知。

**2. 部分教师责任意识淡薄，职业精神与奉献意识缺失，加剧了道德修养滑坡的趋势**

部分高校管理的科层化与评价体系的量化导向，使部分教师将工作重心异化为科研成果的"数据竞赛"，对教书育人的本职工作则敷衍塞责。在课堂教学中，部分教师存在备课不充分、照本宣科、随意调停课等现象；在学生指导方面，对学生思想困惑、学业困难不闻不问，甚至将研究生视为"科研劳工"，忽视了对其学术伦理与职业素养的培养。例如，某高校的教学评估显示，约35%的学生反映教师"很少主动关心学生成长"。这种冷漠的师生关系影响了价值观教育的情感纽带，使得社会主义核心价值观的传递缺乏温度与感染力。

**3. 部分教师存在的道德认知偏差与行为双重标准影响了其价值观教育的权威性**

部分教师虽然在公开场合宣扬社会主义核心价值观，但在实际言行中却奉行利己主义。例如，在学术资源分配中拉帮结派、在职称评审中弄虚作假，甚至在课堂上传播未经思辨的片面观点。这种"说一套、做一套"的行为模式，使部分大学生对教师的道德示范作用产生怀疑，进而对其价值观教育内容产生抵触情绪。心理学研究表明，当教育者言行不一时，受教育者的价值接受度将下降60%以上。例如，某高校的德育调研显示，在经历过教师失范行为的大学生中，超半数对"教师讲授的价值观内容"持怀疑态度，这种信任危机直接影响了社会主义核心价值观教育。

**4. 网络时代的信息传播特性使部分教师失范行为的负面影响呈几何级放大**

社交媒体的普及让个别教师的不当言行在短时间内引发全网关

注，形成舆论风暴。例如，某高校教师在网络平台发表不当政治言论、某教授在课堂上宣扬历史虚无主义观点等事件，经媒体曝光后引发社会广泛谴责，不仅损害学校声誉，也在部分青年大学生中造成思想混乱。在这些事件的发酵过程中，部分教师未能及时以正确的价值观进行引导，反而参与不当讨论，进一步加剧了价值导向的偏差。

## 5.4 从教师层面探析新时代大学生培育和践行社会主义核心价值观的路径

### 5.4.1 强化教师思想认知，筑牢价值观教育根基

**1. 深化理论学习，提升思想认识高度**

高校应建立常态化、系统化的教师理论学习机制，引导教师深入学习马克思主义理论、习近平新时代中国特色社会主义思想，从理论根源上把握社会主义核心价值观的内涵与精髓。定期组织专题学习会、研讨会，邀请理论专家开展讲座，围绕社会主义核心价值观的理论逻辑、历史逻辑和实践逻辑进行深度解读。例如，通过举办"马克思主义基本原理与价值观教育"专题研修班，帮助教师理解社会主义核心价值观与马克思主义理论的内在联系；开展"习近平新时代中国特色社会主义思想进课堂"专项培训，使教师掌握最新理论成果，提升思想认识的深度与广度。

建立教师理论学习考核制度，将理论学习成效纳入教师年度考核和职称评审体系。要求教师定期提交学习心得、研究论文，鼓励教师结合专业领域开展社会主义核心价值观相关研究，将理论学习成果转化为教学实践。例如，某高校设立"价值观教育研究专项课题"，支持教师从学科视角探索价值观教育规律，形成了一批高质量研究成果，有效提升了教师的理论水平和思想认识水平。

**2. 转变教育观念，树立正确育人导向**

通过开展教育理念大讨论、优秀教师经验分享等活动，引导教师转变"重知识传授、轻价值引领"的传统观念，树立立德树人的根本教育理念。组织教师学习《高等学校课程思政建设指导纲要》等政策文件，明确社会主义核心价值观教育在人才培养中的核心地位，强化教师的育人责任意识。例如，某高校开展"课程思政大家谈"系列活动，邀请教学名师分享将社会主义核心价值观教育融入专业课程的经验，促进教师教育观念的转变。

建立教师育人观念培训长效机制，针对新入职教师、青年教师、骨干教师等不同群体，开展分层分类的教育理念培训。对新入职教师重点进行职业理想与育人使命教育，对青年教师侧重教学方法与价值观融合能力培养，对骨干教师则注重发挥其示范引领作用。通过系统培训，帮助教师树立正确的育人导向，将社会主义核心价值观教育贯穿于教育教学全过程。

### 5.4.2 加强课程思政建设，提升教育教学实效

**1. 强化课程思政能力培训**

构建完善的课程思政教师培训体系，包括专题培训、工作坊、教学竞赛等多种形式。专题培训聚焦课程思政的理论与实践，邀请专家解读课程思政建设的政策要求、方法路径；工作坊采用案例教学、分组研讨等方式，帮助教师掌握课程思政元素挖掘、教学设计、教学实施等具体技能；教学竞赛通过以赛促教，激发教师创新课程思政教学方法的积极性。例如，某高校举办课程思政教学工作坊，通过"示范教学＋分组研讨＋实践演练"的模式，有效提升了教师的课程思政教学能力。

开发课程思政教学资源库，为教师提供丰富的教学案例、课件、视频等资源。资源库按照学科专业分类建设，收录优秀课程思政教

学设计案例、教学视频、经典文献等，方便教师学习借鉴。同时，鼓励教师自主开发课程思政教学资源，对优秀资源给予奖励，并纳入资源库共享。通过资源库建设，为教师开展课程思政教学提供有力支持。

**2. 创新课程思政教学方法**

鼓励教师运用案例教学、情景教学、项目式教学等多样化教学方法，增强课程思政教学的吸引力和感染力。结合社会热点、学生生活实际，选取生动鲜活的案例，将社会主义核心价值观融入案例分析中，引导学生思考和讨论。例如，在经济学课程中，结合乡村振兴等案例，讲解共同富裕的内涵；在理工科课程中，通过大国重器、科技创新等案例，弘扬工匠精神和爱国情怀。

充分利用现代信息技术，推进课程思政教学模式创新。建设课程思政在线开放课程，开发虚拟仿真实验教学项目，运用大数据、人工智能等技术开展精准化教学。通过线上线下混合式教学，拓展教学时空，增强师生互动，提升教学效果。例如，某高校开发的"红色筑梦"课程思政在线平台，整合优质教学资源，实现了线上学习、线下研讨、实践体验的有机结合。

## 5.4.3 改善师生关系，增强价值引领效能

**1. 优化师生互动机制**

建立健全师生互动制度，明确教师与学生课外交流的时间、内容和方式。要求教师每周固定安排师生交流时间，通过面对面交谈、线上沟通等方式，了解学生的思想动态、学习困难和生活需求。设立师生交流专项活动，如师生午餐会、学术沙龙、社会实践等，为师生互动创造更多机会。例如，某高校推行"师生结对"计划，每位教师与若干名学生建立长期联系，定期开展交流活动，有效增进

了师生感情。

加强教师与学生的情感沟通，关注学生的心理健康和成长需求。教师要以平等、尊重、关爱的态度对待学生，耐心倾听学生心声，帮助学生解决实际问题。通过情感共鸣，建立良好的师生关系，为价值观教育奠定情感基础。例如，某高校开展"心灵对话"活动，组织教师与学生进行一对一谈心，及时了解学生的思想困惑，给予其关心和引导。

**2. 提升教师人格魅力**

加强教师师德师风建设，引导教师以身作则，发挥榜样示范作用。通过开展师德标兵评选、优秀教师事迹宣讲等活动，树立师德典范，弘扬高尚师德。建立师德考核与监督机制，对师德失范行为实行零容忍，营造风清气正的育人环境。例如，某高校设立"师德建设宣传月"，通过举办师德报告会、师德演讲比赛等活动，强化教师的师德意识。

鼓励教师提升自身综合素质，增强人格魅力和学术影响力。教师要不断更新知识结构，提升专业素养，关注学术前沿动态，以扎实的学识赢得学生尊重。同时，注重培养人文素养和艺术修养，展现良好的精神风貌和人格魅力，成为学生成长的榜样。例如，某高校实施"教师素养提升计划"，通过学术讲座、艺术培训、文化交流等活动，促进教师全面发展。

**3. 围绕青年大学生开展思想政治教育工作**

面对新形势、新任务、新要求，高校思想政治教育工作者要坚持贯彻落实立德树人的教育任务，要以情动人、以事感人，真正拉近与青年大学生的距离，创新工作形式，为青年大学生搭建起实现青春梦想的平台。

（1）贴近青年大学生：聚焦需求，筑牢育人根基

作为新时代高校思想政治教育工作者，要明确自身的角色定位

并勇于担当使命。在当今这个充满活力的社会,高校教师应该以更加积极的态度、更加有效的手段,围绕大学生的发展,关注他们的需求,服务他们的成长。高校教师的使命在于,以积极的方式助力年轻一代茁壮成长,培养他们成为能够肩负国家重任的未来接班人。应积极推行"思政第一课""爱国第一课""感恩第一课"等系列教育活动,精心策划多种项目,助力大学生更好地融入社会;应明确工作重心,并全力将这些重要信息传递给更多青年一代;应深入了解大学生的具体需求及其成长阶段,积极地引导他们树立健康的价值观;开展丰富多彩的实践活动,培育他们的良好品行。

(2)服务青年大学生:以爱为核,助力全面发展

苏联著名教育家苏霍姆林斯基曾深刻地阐述了爱在教育中的基础性作用,他指出:"爱是教育的灵魂,没有爱就没有教育。"这句话强调了教育过程中爱的重要性,其认为教育是以爱为基础的,良好的师生关系和教育活动的开展都离不开爱的传递。爱是教育的核心,它能够激发学生的潜能,让他们在"拔节孕穗期"的人生旅程中获得成长。作为青年大学生成长成才的重要陪伴者和引导者,高校思想政治教育工作者要真正地站在青年大学生的立场上,了解他们的实际困难和现实需求,给予青年大学生充分的信任和尊重,培养青年大学生的自信心和奋斗精神。为了更好地扶持贫困学子,应加大支持力度,及时提供援助与关怀。同时,应为大学生制定全面的职业生涯规划,并提供切实有效的就业指导。此外,加强大学生的心理健康教育同样重要,这有助于他们深入了解社会现状,树立正确价值观,并培养远见卓识,以更好地肩负使命。

(3)引领青年大学生:创新方式,强化价值导向

中国特色社会主义进入新时代,这个新时代是实现中华民族伟大复兴中国梦的时代,同时也是一大批忠于祖国和人民的各领域优秀人才大放光彩的时代。面对新形势、新要求,高校青年价值引领工作要注意结合时代特点和现实要求,引导青年大学生坚定理想信

念和爱国情怀，实现全面发展；高校思想政治教育工作者要不断创新思想引领的方式方法，广泛借助新媒体、大数据提升思想政治教育的有效性。借助青年大学生广泛使用的QQ、微信、抖音等社交平台，迅速捕捉青年大学生的思想脉搏，深入了解他们所关注的焦点、存在的疑惑以及实际需求。应注重将线上线下、课内课外、校内校外的教育资源有机整合，通过策划一系列富有创意、贴近实际、底蕴深厚的社会实践活动，将青年大学生的社会实践与基层锻炼、社会服务、公益行动、科学实验及勤工助学等多个方面紧密结合，引导其认识自我、感悟社会、感知国情；充分利用高校在历史、文学、哲学等领域的学科优势，深入挖掘其文化内涵，切实发挥文化在人才培养中的重要作用。我们要致力于在专业课程中融入马克思主义理论，引导青年大学生正确认识中华历史，积极弘扬和传承优秀传统文化，激发他们的爱国情怀和现实责任感，从而进一步提升实践育人的层次和格局。

### 5.4.4 应对社会转型挑战，提升教师抗干扰能力

**1. 加强思想引导，坚定政治立场**

针对社会转型期多元价值观的冲击，应加强对教师的思想政治教育，坚定教师的政治立场和理想信念。开展马克思主义理论教育、形势政策教育、党史国史教育，帮助教师正确认识社会发展规律，增强其政治敏锐性和鉴别力。例如，组织教师参观红色教育基地、开展党史学习教育专题培训，引导教师从党的百年奋斗历程中汲取精神力量，坚定对中国特色社会主义的信念。

建立教师思想动态定期分析机制，及时了解教师的思想状况，发现问题及时引导。通过座谈会、问卷调查等方式，掌握教师在价值观、职业发展、社会热点等方面的思想动态，有针对性地开展思想教育工作。对受到错误思潮影响的教师，进行一对一帮扶，帮助其澄清认识，纠正错误思想。

**2. 完善支持体系，缓解职业压力**

针对高校教师面临的科研、教学、生活等多重压力，建立完善的支持体系，帮助教师缓解压力，保持良好的精神状态。优化教师考核评价体系，减轻科研考核压力，更加注重教学质量和育人成效。完善教师薪酬待遇、职称晋升、职业发展等制度，为教师提供良好的发展环境。例如，某高校实施"教学型教师"职称评审制度，为专注教学的教师开辟职业发展通道，减轻了教师的科研压力。

加强教师心理健康服务，建立教师心理健康咨询中心，开展心理健康讲座、团体辅导等活动，帮助教师缓解心理压力，保持良好心态。同时，营造和谐的校园文化氛围，增强教师的归属感和幸福感，提升教师抵御社会不良思潮影响的能力。

## 5.4.5 完善师德建设机制，强化价值引领保障

**1. 健全师德制度体系**

完善师德规范，明确新时代高校教师职业行为准则，将社会主义核心价值观融入师德规范中。制定师德建设实施细则，对师德教育、考核、监督、奖惩等工作作出具体规定，使师德建设有章可循。例如，某高校修订《教师师德行为规范》，新增课程思政、网络言行等方面的要求，为教师行为提供明确指引。

建立师德建设长效机制，将师德建设纳入学校发展规划和年度工作计划，形成党委统一领导、党政齐抓共管、院系具体落实、教师自我约束的工作格局。完善师德建设责任制度，明确各部门、各岗位在师德建设中的职责，确保师德建设各项任务落到实处。

**2. 创新师德考核评价方式**

改革师德考核评价方式，建立科学合理的师德考核指标体系。考核指标既要包括爱国守法、敬业爱生、教书育人等基本要求，也

要突出社会主义核心价值观教育成效等重点内容。采用教师自评、学生评价、同行评价、领导评价等多维度评价方式，全面客观地评价教师师德表现。例如，某高校开发师德考核信息系统，通过学生网上评教、同行匿名评价等方式，实现师德考核的科学化、信息化。

强化师德考核结果运用，将师德考核结果与教师职称评审、评优评先、岗位聘任等挂钩。对师德考核优秀的教师给予表彰奖励，在职业发展上给予倾斜；对师德考核不合格的教师，实行"一票否决"，取消当年评优评先、职称晋升资格，并视情节轻重给予相应处分。通过严格的考核评价，引导教师自觉遵守师德规范，履行育人职责。

## 5.4.6 提升教师师德修养，发挥示范引领作用

**1. 加强道德教育，提升修养水平**

开展教师职业道德教育，引导教师树立正确的世界观、人生观、价值观，培养高尚的道德情操。通过专题讲座、主题研讨、案例分析等方式，学习教师职业道德规范，弘扬优秀教师的先进事迹，增强教师的职业认同感和责任感。例如，组织教师学习黄大年、张桂梅等优秀教师的事迹，激励教师以他们为榜样，提升自身道德修养。

鼓励教师加强自我修养，通过读书学习、社会实践、志愿服务等方式，不断提升自身道德境界。引导教师注重日常行为规范，从言谈举止、仪容仪表等细节做起，展现良好的道德风貌。例如，某高校开展"教师修身行动"，倡导教师每天阅读经典著作、参与志愿服务，在实践中提升道德修养。

**2. 强化监督管理，规范教师行为**

建立健全师德监督机制，加强对教师行为的全过程监督。通过教学督导、学生反馈、网络舆情监测等渠道，及时发现教师的不当行为。设立师德监督举报平台，鼓励学生、家长和社会各界对教师

的师德问题进行监督举报。例如，某高校开通师德监督热线和网络举报平台，及时对收到的举报线索进行调查处理。

严肃处理师德失范行为，对违反师德规范的教师，依法依规给予相应处分。建立师德失范行为通报制度，对典型案例进行公开曝光，发挥警示作用。同时，做好受处分教师的教育帮扶工作，帮助其认识错误，改正问题，重新树立良好形象。通过严格的监督管理，规范教师行为，维护教师队伍的良好形象。

# 第六章 课程层面的价值观分析

## 6.1 从课程层面分析新时代大学生培育和践行社会主义核心价值观现状

**案例：**某高校依托其学科专业特色，融合志愿服务与社会实践精髓，推行了"新型城镇化建设""绿色中国与可持续发展""历史建筑文化传承与保护"等专项活动，成功打造出"××创业谷""×·城市人"等品牌项目逾200项，旨在培育学生在志愿服务中践行"兼济天下"的精神。该高校以"光盘光柜"行动为平台，通过"光盘节粮""旧物互易""光柜集市""随手节能""垃圾下楼"等活动，帮助学生在日常生活中践行中华勤俭美德。

### 6.1.1 课程思政拓宽思政课程育人的教学途径

随着社会对人才需求的变化和现代教育技术的不断更新，教学方法也不断丰富和发展。教学方法是实现和发展立德树人目标的重要途径。唯有那些与教育发展相契合的教学方法，方能最大限度地传递教育内容，从而实现最佳的教育成效。同样的教学内容，通过不同的教学方式予以呈现，会得到不同的教育效果。因此，选择恰当的教学方式，对于成功实现教育愿景至关重要。思想政治课有其独特的发展规律和不同的教学方式，肩负着使受教育者全面发展、为社会发展培养人才的责任。教学方法构成了教学活动的复杂动态体系，是教育成效得以发挥的关键因素之一。为了培养全面发展的高素质人才，实现新时代教育的创新发展，必须采取与课程内容和课程目标相协调的教学方法，通过教学方法的优化组合，使教学效果最大化。

随着现代教育技术的飞速发展，教育实施方案的渠道和方式变得更加多样化，极大地增强了教育者的影响力，并显著促进了受教育者个体的发展。例如，现代教育技术推动了在线学习和远程教育的发展，使学习者可以不受时间和空间的限制，随时随地访问教育资源。此外，通过数据分析和学习算法，教育系统能够提供个性化的学习路径并进行资源推荐，满足不同学习者的个性化需求。思政课程与课程思政课是一条直线，各有特点。在实践过程中，要相互借鉴其积极因素，架起连接其内在逻辑的有效桥梁。课程思政依托专业课构建价值体系，而每门专业课则在其领域内展现了丰富多样的教学方法。人文社会科学的学科教育多包含在思想政治课程的具体部分，因此详细教学方法的构建为思想政治教育提供了一定的具体方案，从局部优化了思想政治课程的整体教学。自然科学学科教育以专业技术为主要载体，通过直接的实践实验或社会实践，学生可以及时掌握和巩固专业课程知识。强调实践的教学方式极大地丰富了思想政治课程和理论教学的方法，促使思想政治课程更加注重实践环节，使理论能够及时转化为实际行动，进而通过多样化的教学方式，为大学生提供全面发展的实践平台。

## 6.1.2 课程思政丰富思政课程育人的教学资源

教学资源的持续丰富、精心选择及高质量保障，是保障高等教育质量与效益的坚实基石，对全面实现教学质量的提升至关重要。高等教育多元化的学科体系在教学资源的获取和利用上有其独特的优势，各种教学资源和资源利用方式的精细整合，实现了教学资源的整体宏观协同，为高校培养全面发展的高素质人才提供了动力源泉。

课程思政丰富了思想政治课程的教育资源。在教学资源来源方面，信息时代思想政治课程的资源渠道在不断拓宽。思想政治课程的相关教材、高校的红色实践活动和环境、网络中思想政治信息的提取、相关教育讲座和会议的举办，都是过去思想政治课程获取教学资源的重要途径和手段。显然，以往思想政治课程的教学资源多局限于传统的"舒适区"，缺乏创新与拓展。课程思政思维的创新与发展，从大格局建设的角度，实际上贯彻了跨学科建设的理念。课程思政理念从专业课程中挖掘思想政治元素，为专业课程注入"思政灵魂"，从而为综合思想政治课程提供了跨学科视角下的教学新范式。各专业课的学科知识也为思想政治课程提供了多样化的教学资源。此外，课程思政的专业实践也丰富了思想政治课程的教学实践资源。在教学资源利用方面，丰富、优质的教学资源符合当前思想政治教育发展规律和社会发展需要。提升教学资源利用率，最大化教学效率，关键在于高校教育工作者对资源的深入发掘与熟练掌握。作为教学资源的直接实践者，教育工作者需要在教学实践中主动收集资源。此外，各专业课教师应主动与思想政治课程教师沟通，借助多样化的教学实践，不断丰富教学资源的应用与掌握。教育工作者育人能力的核心在于充分利用学校资源，分析学生的兴趣、学习习惯及环境，融合内外部教学资源，推动大学生思想政治教育工作的开展。

### 6.1.3 课程思政延展思政课程育人的教学载体

要在教学内容的基础上实现教育的内化和外化，就必须在实践教学过程中搭建起系统的知识理论与价值传递之间的桥梁。积极探索创新课程教育的载体，切实提高大学生知识学习与价值引领的统一性、有效性。思想政治课程建设的进一步发展，需要梳理高校各学科思想政治教育的要素和功能，转变原有专业课程"各司其职"的单线功能，实现统一专业理论与价值的双重功能，打破思想政治教育与专业教育相互隔绝的"孤岛效应"。思想政治课程是育人的教学载体，思想政治教育可以在整个高等教育体系的基础上进行拓展，形成教育力量。

课程思政是思想政治课程教学载体的外延,要注重整合贯通,公民道德建设的内容和要求应体现在各学科的教育中,体现在学科体系、教学体系、教材体系、管理体系建设中,知识的传授过程应该成为道德教育的过程。强调充分利用各学科的建设路径,从多角度延伸思想政治课程的教学载体,使各学科体系全面承载思想政治教育价值,借助多元载体拓宽时空边界,构建全方位、立体化的教学体系,营造出"科学协同育"的"大思政"氛围。

本书以调查问卷的形式调查了1000名大学生。调查结果显示,有20%的大学生认为思政课程非常重要,有55%的大学生认为思政课程一般重要,有25%的大学生认为思政课程不太重要,如图6-1所示。

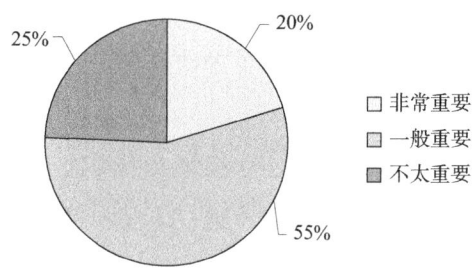

**图6-1 大学生对思政课程重要性的评价**

另外,本书调研了600名大学生,探究专业课程与思政课程的结合程度。结果显示,15%的大学生认为两者结合紧密,67%的大学生认为两者结合较少,而18%的大学生认为两者并未结合。

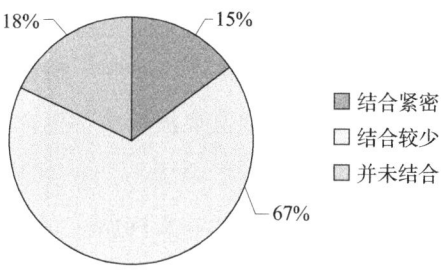

**图6-2 专业课程与思政课程的结合程度**

### 6.1.4 将思想政治理论课打造成"金课"

教育工作者要找准工作的着力点，从而提升高校思想政治工作的育人水平，使思想政治理论课成为学生喜爱、教师认可、感染力强的"金课"，是新时代高校思想政治工作改革创新中的重要一环。

2019年3月18日，习近平总书记强调："思想政治理论课是落实立德树人根本任务的关键课程。青少年阶段是人生的'拔节孕穗期'，最需要精心引导和栽培。"❶ 因此，我们必须坚守正确的方向，切实履行思想政治理论课程的教学职责；以建设社会主义先进文化制度为宗旨，着眼于推动思想政治教育工作的持续改进，旨在营造一个健康向上的氛围，激励大学生主动投身实践，着力培养具备时代特质的时代新人。

思想政治课程既是高校落实立德树人根本任务的途径，也是对大学生进行思想政治教育的重要渠道，应深入贯彻六个相统一重要原则，推动思想政治课程建设在创新、求实、高效上取得新突破。

第一，坚持政治性与学理性相统一。思想政治理论课作为政治性与学理性的完美结合，必须将政治导向置于首位。思政课教师应自觉坚定作为党的教师的身份意识，坚定共产主义信仰，精心设计问题，引导学生独立思考，创新授课教学方式，用理性的力量引导学生学习。

第二，坚持价值性和知识性相统一。要传播正确的价值观，具有鲜明的价值导向。将正确的价值观根植于学生内心，使学生树立起价值自信和价值自觉。同时，思政课不能是空洞乏味的"挥拳"与"呐喊"，应力求在"有意义"的同时也能"有意思"。

---

❶ 习近平. 用新时代中国特色社会主义思想铸魂育人 贯彻党的教育方针落实立德树人根本任务［N］. 光明日报，2019－03－19（01）.

第三，坚持建设性和批判性相统一。为了让思想政治课程更加有效，应该鼓励学生进行思维探索，勇于打破传统的思维定式，并且积极拥抱当下的经济社会生活现象，秉持更加开放的心态，以便更好地认识并接受当下的经济社会生活现象。

第四，坚持思想性和学术性相统一。思想政治课程应致力于提升思想性和学术性，通过将思政小课堂与社区大课堂紧密结合，使学生在社区的熔炉中接受思维的洗涤和品德的锤炼。

第五，坚持主导性和主体性相统一。应结合当地实际，采取因地制宜、因时制宜、因材施教的方式，实现主导性和主体性的有机统一，以达到最佳的课堂教学效果。

第六，教师与学生相统一。教师和学生共同构成了思政课的核心部分，他们之间的关系密不可分。教师应切实承担起课堂教学的责任，而非仅凭个人偏好行事；应掌控课堂氛围，积极引导学生学习，激发他们的思考、探索与合作精神；应维护自身在教学中的专业性和引导力。

马克思主义思想作为复杂的思想体系，需要教师积极引领，为学生提供有效指导，并深入挖掘其深层含义，助力学生扎实地掌握马克思主义理论，通过思想引领，提升学生的思想素养。为了提升学生素质，应遵循"金课"原则，着力提升"金课"质量。同时，要善用现代技术，提高教学水平，并在培养过程中，注重并推动学生素质提升；应努力将立德树人理念融入整个培养过程，增强培养的整合性。

## 6.2 从课程层面分析新时代大学生培育和践行社会主义核心价值观存在的问题

本书以调查问卷的形式对338名在校大学生进行问卷调查，主要问题包括"你认为当前思想道德领域最突出的问题是什么？""你认为解决思想道德领域突出问题应从哪些方面着力？（多选）""你认可的思想教育类型有哪些？（多选）""你对学校的思政教育课程内容大概能接受多少？"调查结果如图6-3~图6-6所示。

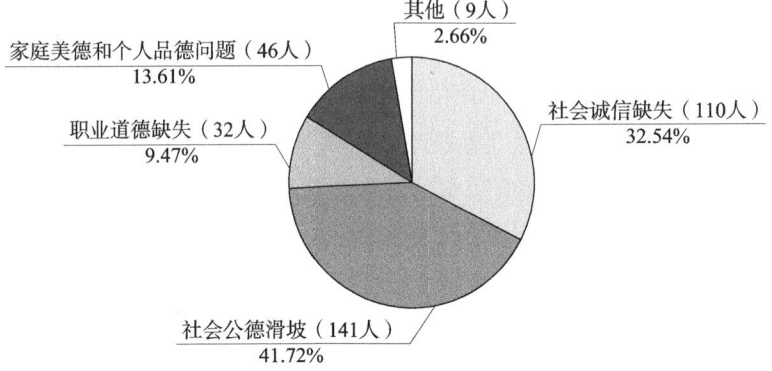

图6-3 你认为当前思想道德领域最突出的问题是什么？

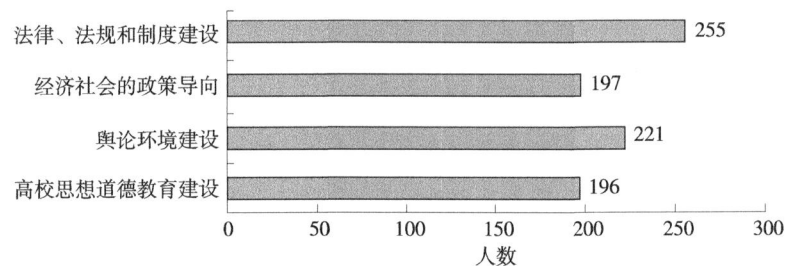

图6-4 你认为解决思想道德领域突出问题应从哪些方面着力？（多选）

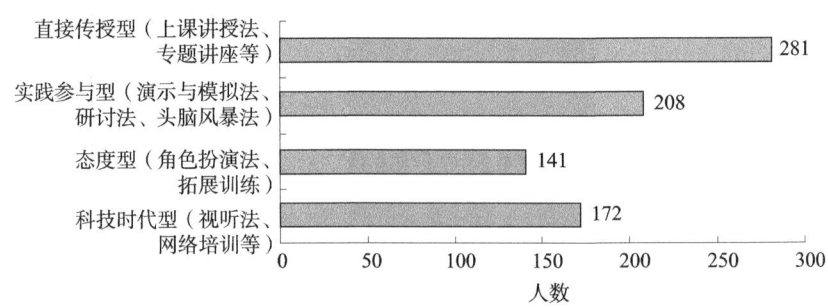

图6-5 你认可的思想教育类型有哪些？（多选）

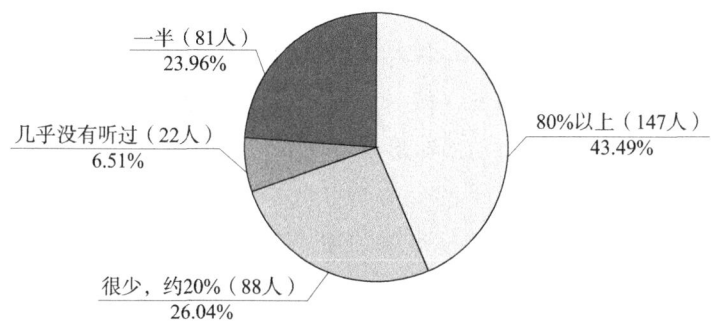

图6-6 你对学校的思政教育课程内容大概能接受多少？

由调查问卷反馈可知，当前，部分大学生在接受思想政治教育时，已逐渐摒弃了以往单一的填鸭式学习方式，转而倾向于选择多样化的学习方式。具体而言，281名大学生倾向于直接传授型教学（如上课讲授法、专题讲座），208名大学生则更偏爱实践参与型教学（如演示与模拟法、研讨法、头脑风暴法）。然而，在思想政治课程的教学内容方面，仍有待进一步完善。数据显示，147名大学生能接受80%以上的内容，但也有88名大学生表示接受的内容很少（约20%），22名大学生甚至表示几乎没有听过，另有81名学生认为能接受一半的内容。关于出现这种情况的原因，大部分大学生认为是授课形式单一、古板以及内容枯燥，一些大学生认为思政课的内容与实际脱节，因此仅将其视为普通课程。具体而言，持此观点的学生有164人，更有67人坦言选课是出于强制要求，自己并无兴趣。在对思想政治课程的认识上，大多数大学生的回答是理性的和积极的，有128人认为思想政治课程有助于塑造自己健全的人格。

由此，我们可以得出思想政治课程对大学生的成长成才有着重要意义，广大青年学生也对此持积极的认识，但是，授课形式和授课内容上的不足导致授课效果不够理想。在下一步的课程改革中，可以进一步提升思想政治课程的互动性与实践性，如通过开展讨论组形式的教学活动，促进理论向实践过渡，并适当增加网络授课内容。

根据相关调查，高校学生对爱国情怀和责任感有着较为理性的认识。在这项调查中，287 名大学生选择了"爱国不一定要轰轰烈烈地牺牲，要从实际出发，做对国家有益的事情"这一选项，表明他们倾向于通过实际行动而非形式主义来表达爱国情怀。此外，211 名大学生认为法律规范下的自由是自由的合理界限，而 116 名大学生则认为自由应受到道德标准的约束。在个人发展与国家、民族命运的关系上，部分大学生有过深刻的思考。尽管大多数大学生在考虑未来就业时仍倾向于选择东部地区，但近年来西部地区对大学生的吸引力正在增强。例如，成都、西安、重庆等城市已成为吸纳应届本科毕业生就业较多的城市，这表明西部地区在提供就业机会方面取得了显著进展。据调查，2022 届本科生毕业半年后在西部就业的比例为 24.6%，较 2018 届上升了 1.5 个百分点。此外，西部生源中近 3/4 毕业后留在西部就业，显示出西部地区对本地生源的吸引力。[1] 尽管如此，仍有部分大学生表示没有考虑过到西部就业，这可能与他们对东部地区就业机会和待遇条件的偏好有关。

通过对调查问卷资料的分析可以看出，大部分大学生具有一定的家国情怀，他们会思考自身的成长与国家、民族发展的关系。同时，他们也具备理性的思考能力，高度重视机会和发展条件。

### 6.2.1 部分高校融入方法创新性与灵活性的现实困境

**1. 部分教师创新能力不足导致方法单一化**

在高校课程思政实践中，部分专业课教师创新意识和能力的欠缺成为制约社会主义核心价值观融入效果的关键因素。受传统教学思维惯性影响，一些教师仍习惯于采用"知识本位"的教学模式，将价值观教育简化为概念灌输和案例堆砌。例如，在理工科课程中，

---

[1] 中国新闻网. 报告：应届生西部就业比例上升 这里人才吸纳力较强［EB/OL］.（2023 - 10 - 11）［2024 - 11 - 20］. https: //baijiahao. baidu. com/s?id = 1779438661978739424&wfr = spider&for = pc.

一些教师在讲解专业知识时，只是简单提及"工匠精神""创新精神"等价值观相关词汇，未能深入挖掘专业知识背后蕴含的价值理念，导致教学内容与社会主义核心价值观的融合浮于表面。

从教师专业发展角度来看，在当前高校教师培训体系中，关于课程思政教学创新的专项培训不足。一些教师缺乏将价值观教育与专业课程有机融合的方法和技巧，难以根据不同专业的特点和学生需求设计差异化的教学方案。这种能力短板使教师在面对新时代大学生多样化的学习需求时，有时显得力不从心，无法有效激发大学生的学习兴趣和价值认同。

### 2. 部分高校整合模式僵化导致缺乏适应性

部分高校现有的社会主义核心价值观融入模式存在灵活性不足的问题。教学内容和方法的设计未能充分考虑不同学科、不同专业的特点，导致"一刀切"现象依然存在。在人文社科类课程中，价值观教育容易陷入空洞说教；在理工科课程中，则容易出现生硬嫁接的情况。这种僵化的整合模式，既无法体现不同学科的育人特色，也难以满足大学生个性化发展的需求。

从课程设计层面来看，部分高校现有教学方案多以教材为中心，缺乏对现实生活和社会热点的及时回应。部分教师在教学过程中，往往忽视对社会现实问题的挖掘和利用，未能将社会主义核心价值观与大学生关注的热点问题、成长困惑有机结合。这种与现实脱节的教学方式，使得价值观教育缺乏时代感和吸引力，难以真正触动大学生的心灵。

### 3. 融入深度不足影响育人实效

当前社会主义核心价值观融入高校课程思政存在表层化倾向。部分教师在教学过程中，多将价值观内容作为知识点进行简单罗列，未能深入阐释其理论内涵和现实意义。例如，在讲解"爱国"价值观时，往往局限于对历史事件和英雄事迹的讲述，缺乏对新时代爱国主义精神的深刻解读,难以引发大学生的情感共鸣和价值认同。

从课程目标设定来看,部分教师对社会主义核心价值观融入的认识不够深刻,未能将其作为课程育人的重要目标。在教学过程中,过于注重专业知识的传授,忽视了价值观的引领作用。这种重知识轻价值的倾向,使得课程思政难以发挥其应有的育人功能,无法有效培养大学生的价值判断能力和道德实践能力。

在将社会主义核心价值观融入高校课程思政的实践中,部分专业课教师因创新和创造力不足,难以适应新时代整合的需求,导致传统整合模式缺乏必要的灵活性和适应性。此外,整合的深度尚显不足,多停留于表面,未能深入结合大学生学习过程中的实际问题及社会热点、关键、难点等因素。

此外,整合方法与实践结合不紧密,目前部分高校的整合多停留在理论层面,缺乏对社会实践的灵活有效整合。社会主义核心价值观具有鲜明的现实特征,只有加强大学生在实践中的认知体验和情感体验,使大学生在理论学习中观察现实,在实践活动中掌握理论知识,才能使社会主义核心价值观内化于心、外化于行。

## 6.2.2 部分高校协同育人资源整合的深层矛盾

### 1. 学科壁垒制约资源共享

在部分高校教育体系中,不同学科专业由于研究领域、知识体系和话语系统的差异,形成了明显的学科壁垒,这种壁垒阻碍了思想政治教育资源与专业课程资源的有效整合。思想政治课程教师与专业课教师之间缺乏有效的沟通交流机制,导致双方在课程设计和教学实施过程中难以形成育人合力。

从资源配置角度来看,部分高校各学科专业在教学资源的建设和使用上往往各自为政,缺乏统筹规划。思想政治教育资源多集中在思想政治课程教师手中,而专业课教师则更关注专业知识的传授,忽视了其中蕴含的育人资源。这种资源分散的状况,使得社会主义核心价值观融入课程思政缺乏系统性和连贯性。

**2. 教师素养差异影响整合效果**

教师思想政治素养的差异也是制约资源整合效果的重要因素。部分专业课教师由于缺乏系统的思想政治理论学习和培训，对社会主义核心价值观的理解不够深入，在教学过程中难以准确把握价值观融入的切入点和方式。同时，部分思想政治课程教师对专业知识的了解有限，也影响了其与专业课教师的协同合作。

从教师发展机制来看，当前部分高校尚未建立完善的课程思政教师培养体系，缺乏针对不同学科教师的差异化培训方案，未能有效提升教师的课程思政教学能力。这种状况导致部分教师在资源整合过程中往往力不从心，难以实现思想政治教育与专业教育的深度融合。

**3. 现有研究成果的局限性**

目前关于课程思政的研究成果虽然丰富，但在资源整合方面仍存在不足。部分高校现有研究多聚焦于具体学科与思想政治要素的融合路径，缺乏对整体资源整合的系统性研究；研究成果的应用范围往往局限于单一学科或专业，未能形成可推广、可复制的经验和模式。

从研究方法来看，部分高校现有研究多以理论探讨为主，缺乏实证研究的支撑。对资源整合过程中出现的实际问题和有效经验总结不够，导致研究成果与教学实践存在一定脱节。这种状况使课程思政资源整合缺乏科学的理论指导和实践依据，难以实现资源的优化配置和高效利用。

## 6.2.3　协同育人平台利用的实践瓶颈

**1. 课堂教学平台的局限性**

课堂教学作为高校育人的主阵地，在协同育人平台建设中发挥着重要作用。然而，当前部分高校课堂教学平台在社会主义核心价值观融入方面仍存在不足。一些教师在教学过程中过于注重知识传授，忽视了价值观的渗透和引导；教学方法单一，以讲授为主，缺乏互动性和启发性，难以激发大学生的学习兴趣和参与热情。

从课堂管理角度来看，部分高校传统的课堂教学模式强调教师的主导地位，忽视了学生的主体作用。在价值观教育过程中，未能充分调动学生的主动性和积极性，导致学生对社会主义核心价值观的认知停留在表面，难以实现内化于心、外化于行。

**2. 网络教育平台的应用困境**

随着信息技术的发展，网络教育平台在高校育人中发挥着越来越重要的作用。然而，当前部分高校网络教育平台在社会主义核心价值观融入方面仍存在应用不足的问题。平台建设缺乏系统性和针对性，内容更新不及时，难以满足大学生多样化的学习需求。同时，平台功能开发不够完善，互动性和参与性不足，影响了大学生的学习体验。

从技术层面来看，部分高校网络教育平台在资源整合和共享方面存在一定障碍。不同平台之间缺乏有效对接，数据共享困难，导致资源重复建设和浪费。此外，网络教育平台的使用培训和技术支持不足，影响了教师和学生的使用积极性和效果。

**3. 协同育人平台的整体效能不足**

目前，高校协同育人平台建设仍处于起步阶段，整体效能尚未得到充分发挥。部分高校各育人平台之间缺乏有效的协同机制，存在功能重叠、资源分散等问题。平台建设缺乏统筹规划，未能形成有机衔接、协同联动的育人体系。这种状况使社会主义核心价值观融入缺乏整体性和连贯性，难以实现全方位、全过程育人。

从管理机制来看，部分高校在协同育人平台建设中，缺乏统一的领导和协调机制。不同部门之间职责不清、沟通不畅，影响了平台建设和使用的效率。同时，缺乏有效的评估和反馈机制，难以对平台建设和使用效果进行科学评价，不利于平台的持续改进和优化。

### 6.2.4 部分高校思想政治工作强化的现实需要与深层困境

**1. 部分高校思想政治工作力度亟待加强**

（1）多元思潮冲击下部分高校的意识形态阵地受到影响

在全球化与信息化深度交融的时代背景下，"意识形态多元化""非意识形态化"等错误观念在部分高校场域有所传播，西方新自由主义、历史虚无主义等思潮通过学术讲座、网络平台等渠道有所渗透。这种意识形态领域的复杂斗争，致使马克思主义理论教育在部分高校思想政治工作中受到影响。例如，部分学术研讨刻意回避意识形态议题，部分网络课程以中立姿态讲授主流价值，影响了部分高校意识形态阵地建设。

（2）部分高校工作重心偏移与形式主义倾向

尽管教育主管部门持续强调思想政治工作的战略地位，但部分高校仍存在重专业、轻思政的倾向。在课程设置上，专业课学时占比畸高，思想政治课程被压缩；在教学实践中，将课堂讨论、课外活动简单等同于思政教育，甚至将慕课等新型教学形式异化为政绩工程。例如，某高校调研显示，超过35%的思想政治课程存在"重形式包装、轻内容建设"现象，背离了思想政治教育的本质要求。

（3）部分高校领导重视程度的表层化困境

部分高校领导对思想政治工作的重要性仅停留在认知层面，缺乏系统谋划与实践推进。在具体工作中，存在"口号喊得多，行动落实少"的现象，未能深入理解思想政治工作的育人逻辑与实践规律。这种认知与行动的脱节，导致思想政治工作难以融入高校日常教学、管理和服务的全过程，无法形成常态化、长效化的育人机制。

## 2. 部分高校思想政治工作制度建设存在短板

合理且完善的制度建设是推进高校思想政治工作开展的关键和前提。但是，当前部分高校在制度建设方面尚存一定缺失。一方面，思想政治工作的弹性不足。大学生作为社会中最为活跃且可塑性强的群体，其心理状态各异。因此，在制定相关思想政治工作制度时，应兼顾制度的弹性和适用性，既要规范大学生的言行，又要符合高校思想政治工作的实际情况，充分发挥其鼓舞与引导作用。当前部分高校思想政治教育管理条例的内容，多以禁止性规定为主，如大学生应禁止的行为及违规后的处罚等，鼓励性的规定则相对较少。

另一方面，大学生思想政治工作中要贯彻以人为本的精神，加强人性化管理，如此方能达到提升管理实效性的目的。目前，部分高校在大学生思想政治工作的实施过程中标准比较单一，在制度落实的过程中，实施主体往往将制度内容作为唯一依据，而忽视了对现实情况的分析。尽管在制度贯彻执行期间，一些高校面临思想政治工作开展空洞、缺乏内涵、形式化的问题，但教育部的数据显示，九成以上大学生对思想政治工作表示满意，这表明在教育部的推动下，高校思想政治工作取得了显著成效。部分高校的一些教育活动在前期推广以及后期贯彻执行期间，参与面不够广泛，对学校职能部门过于依赖，未能深入大学生当中。部分高校在当下的高校思想政治工作制度中，还存在着精准化管理不足的情况。具体而言，制度的某些规定含糊不清，且相关的配套措施和体制尚未健全。总体来看，在大学生思想政治工作制度化建设进程中，部分高校目前主要致力于构建整体框架，而对于制度细节的完善尚处于较为初级的探索阶段。

（1）部分高校制度弹性与激励机制不足

部分高校现行思想政治工作制度存在刚性有余、弹性不足的问题。管理条例多以禁止性规定为主，如学生行为规范、违纪处理办法等，而激励性条款匮乏。例如，某高校的学生管理规定中，约束性条款占比达78%，而鼓励学生参与志愿服务、社会实践等正向引导条款仅占12%，难以激发部分学生主动践行社会主义核心价值观的内生动力。

（2）部分高校执行过程的机械化与形式化

部分高校制度实施主体过度依赖文本条款，忽视大学生个体差异与现实情境。在奖惩评定、日常管理中，存在"唯制度论"倾向，导致思想政治工作陷入机械化困境。同时，部分教育活动过度依赖职能部门推动，未能充分调动学生组织、社团的积极性，活动参与度低、覆盖面窄，呈现明显的形式主义特征。

（3）部分高校制度体系的模糊性与配套缺失

部分高校现有制度存在概念界定模糊、条款表述笼统等问题，部分关键内容缺乏明确的操作细则。例如，"思想政治表现优秀"等表述缺乏量化标准，导致执行过程中主观性过强。此外，配套的监督评估机制、反馈改进机制尚未健全，制度运行的闭环管理体系尚未形成。

### 3. 部分高校思想政治工作实践创新亟待突破

要推动高校思想政治工作发展，关键在于有效地落实相关制度。部分高校在制度实施的过程中，为了提高思想政治工作的质量，强化其在学生主体中的实施效果，制度实施的效果往往和管理人员有着相应的荣誉关系，这样的做法虽然能激发管理人员的工作积极性，提升其工作效率，但也容易导致思想政治工作沦为一种管理手段，使本应以"育"为核心的思想政治工作，沦为"以管代育"，这无疑加剧了对制度的依赖。就学生层面而言，接受高等教育除了学习相应的专业文化知识、掌握专业技能，另一个重要的目标就是成为一个有道德、有品质的人，一旦后者被忽略，或者被另一种生硬的标准固化，那么，思想政治工作也就变得没有意义了。思想层面的教育，就应以"育"为主，以弹性管理替代生硬的管理。然而，若教育管理者将相关制度视为谋取私利的硬性规定，借此设立诸多限制来约束学生，那么无论是思想政治工作的执行者还是其受众，都将过度依赖这些制度。随着时代的发展，大学生的思想愈发活跃且复杂多变。因此，思想政治工作制度的制定与实施必须贴近当代大学生的个性特点，传统的自上而下模式已难以满足思想政治工作持续优化的需求。因此，思想政治工作制度的制定和运行迫切地需要突破"以管代育"的束缚，探索出更多能够促进制度化建设的模式。另外，部分高校思想政治工作存在"行政化、娱乐化"问题。一些高校的组织结构过于复杂，导致其难以满足当代的需求。例如，部分高校领导频繁召开会议以吸引注意并传递信息，却忽视了真正解决大学生的困难和需求，导致对大学生问题漠不关心的现象时有发生。目前，部分高校的思想政治教育并未起到预期的效果。在一些大学生的印象里，虽然高校经常举办各种活动，但是能真正迎合大学生、满足大学生实际需要的思想政治活动并不多，这是大学生思想政治工作实践中缺失的部分内容之一。

(1) "以管代育"的价值偏离

当前部分高校思想政治工作存在过度依赖制度约束的倾向，将管理手段等同于教育目的。部分管理者将制度异化为权力工具，通过增设限制条款强化管控，忽视大学生思想成长的内在规律。这种"以管代育"的模式不仅削弱了思想政治工作的育人功能，而且容易引发部分大学生的抵触情绪。

(2) 行政化与娱乐化的双重困境

部分高校思想政治工作实践中存在"行政化"与"娱乐化"两种极端倾向。"行政化"表现为以会议落实工作、以文件代替行动，忽视大学生的实际需求；"娱乐化"则表现为将思政教育简化为文艺演出、知识竞赛等活动，重形式热闹、轻思想引领。

(3) 创新模式的探索困境

面对新时代大学生思想行为的新特点，传统自上而下的工作模式已难以适应需求。尽管部分高校已尝试开展新媒体思政、朋辈教育等创新实践，但尚未形成可复制、可推广的成熟模式。创新过程中存在"重技术应用、轻内容建设""重形式创新、轻效果评估"等问题，制约了思想政治工作实效性的提升。

**4. 思想政治工作在贴近大学生方面存在差距**

当前，由于办学空间的限制，师生之间的距离被拉得很远，相处时间也变得越来越短，师生之间的交流越来越少，这些困难影响了"亲师取友""共处共学"的效果。

相关数据显示，全国共有在校大学生2695.8万人，分布在2595所高校中，其中136所高校的学生人数超过3万。这一数据表明，教师、辅导员及其他思想政治教育工作者在与大学生交流时面临着挑战。根据中共中央、国务院办公厅《关于加强和改进新形势下高校思想政治管理工作的意见》，为了提高教学质量，大力推行以1∶200的比例配备专业辅导员，以满足大学生的需求，给予他们充分的指导与帮助。

（1）师生互动的时空局限

高校扩招背景下，师生比失衡加剧。教育部数据显示，全国高校生师比已达25∶1，辅导员与大学生配比虽按1∶200标准配置，但实际工作中普遍存在一名辅导员负责数百名学生的现象。物理空间的分割与时间精力的限制，导致师生交流机会锐减，"亲师取友""教学相长"的育人传统弱化。

（2）网络时代的交往异化

互联网的普及重构了师生交往模式，"键对键"交流逐渐取代"面对面"沟通。虽然新媒体平台拓展了思想政治工作的覆盖面，但虚拟空间的交流存在情感温度不足、深度沟通欠缺等问题。部分辅导员过度依赖线上通知、网络打卡等形式化工作，忽视了线下深度谈心谈话，导致师生关系疏离。

（3）教育主体的责任待加强

部分教育工作者存在育人意识淡薄、专业能力不足的问题。个别教师重科研、轻教学，忽视课堂思政建设；部分辅导员的职业认同感低，工作停留在事务性管理层面，缺乏对大学生思想动态的关注与引导。这种责任缺位影响了思想政治工作的亲和力与针对性，阻碍了大学生的全面发展。

## 6.3 从课程层面分析新时代大学生培育和践行社会主义核心价值观存在问题的原因

### 6.3.1 部分高校教师团队协同育人能力失衡：学科背景与评价导向的双重制约

**1. 单学科思维定式对协同育人的限制**

高校教师群体的学科背景差异是影响协同育人成效的重要因素。现行教育体系下，教师从基础教育阶段便开始接受学科分类培养，经过本科、硕士乃至博士阶段的专业化深造，形成了鲜明的单学科思维模式和知识结构。这种长期的专业训练使教师在教学实践中展现出极强的学科专业性，但也导致其在跨学科协同育人方面存在天然短板。

在教学过程中，各专业学科独特的知识体系、思维逻辑和话语系统，使部分教师习惯从单一学科视角开展教学活动。理工科教师更注重专业理论与技术的传授，强调严谨的科学思维和实践操作能力培养；人文社科类专业教师则侧重于理论阐释和批判性思维训练。这种教学惯性使教师在开展课程思政时，往往难以突破固有思维框架，将社会主义核心价值观与专业知识进行有机融合。例如，在计算机编程课程中，部分教师可能仅关注代码编写和算法设计，忽视了对大学生创新精神、网络伦理等思政元素的引导；在文学赏析课程中，也容易偏重文本解读，而忽略对文化自信、家国情怀的深入挖掘。

### 2. 教师评价体系的导向性偏差

部分高校现行的教师评价考核机制进一步加剧了协同育人能力的不平衡。在部分高校教师职称评审、绩效考核等关键评价环节中，专业领域的科研成果、教学业绩往往占据主导地位。这种评价导向促使部分教师将主要精力投入专业学科建设中，以提升自身在专业领域的影响力和竞争力。调查显示，超过70%的高校教师认为专业科研成果对职业发展的影响最为关键，而课程思政教学效果在考核体系中的占比普遍较低。

这种评价机制导致部分教师对课程思政的重视程度不足，缺乏开展协同育人的内在动力。即使意识到课程思政的重要性，也因担心投入过多精力影响专业发展而选择浅尝辄止。同时，由于缺乏针对课程思政教学能力的系统培训和评价标准，部分教师在协同育人过程中往往面临"有心无力"的困境，难以掌握将思政元素融入专业课程的有效方法和技巧。

### 3. 不同学科教师协同育人的现实困境

思想政治课程教师与专业课教师在协同育人过程中面临着不同的挑战。对于部分专业课教师而言，其虽然具备扎实的专业知识，但在思想政治理论素养和价值引领能力方面存在不足。部分专业课教师对社会主义核心价值观内涵的理解不够深入，在教学中难以准确把握思政元素与专业知识的结合点，容易出现"生搬硬套"或"牵强附会"的现象。

部分思想政治课程教师则面临着跨学科知识储备不足的问题。尽管他们在思想政治理论方面具有深厚的造诣，但由于缺乏对其他专业学科的深入了解，在与专业课教师开展协同教学时，难以精准对接专业课内容，实现思想政治教育与专业教育的深度融合。此外，部分思想政治课程教师通常承担大量的教学任务,面对众多学生,在开展个性化、差异化的价值引导时往往力不从心,难以满足不同专业学生的实际需求。

### 6.3.2 部分高校学科壁垒阻碍协同育人深度:元素挖掘不足与整合困难的双重困境

**1. 学科壁垒对协同育人的阻碍**

学科壁垒是制约部分高校课程思政协同育人深度的重要因素。部分高校在长期的学科建设和发展过程中,各学科形成了相对独立的知识体系、研究方法和话语体系,学科之间的界限日益清晰。这种学科壁垒不仅体现在知识层面,还延伸到教学管理、学术评价等多个领域,在一定程度上阻碍了思政课程与课程思政的深度融合。

在课程设置方面,部分高校各学科往往从自身发展需求出发构建课程体系,缺乏对思想政治教育的整体规划和协同设计。部分专业课教师在课程设计和教学实施过程中,更多关注专业知识的系统性和完整性,对思政元素的融入缺乏主动性和自觉性;部分思想政治课程教师则由于对专业学科了解有限,难以将思政教育内容与不同专业的特点相结合,导致思想政治教育与专业教育出现"两张皮"现象。

**2. 思政元素挖掘的深度与广度不足**

实现课程思政的深度融合,关键在于深入挖掘各专业课程中蕴含的思政元素。然而,当前部分高校在思政元素挖掘方面存在一定不足。一方面,部分专业课教师对课程思政的认识不够深刻,未能充分认识到专业课程中蕴含的丰富思政资源,缺乏挖掘思政元素的意识和能力。他们往往将课程思政简单理解为在教学中加入几个思政案例或口号,没有深入思考专业知识与社会主义核心价值观之间的内在联系。

另一方面,即使认识到思政元素挖掘的重要性,部分教师在实际操作中也面临诸多困难。不同学科的专业知识和教学内容差异巨大，思政元素的表现形式和融入方式也各不相同，需要教师具备扎实的专业知识、深厚的思政素养和敏锐的洞察力。但由于缺乏系统的培训和指导，一些教师在挖掘思政元素时往往不得其法，难以准确把握思政元素的内涵和价值，导致挖掘出的思政元素缺乏深度和感染力。

**3. 协同育人整合的现实难题**

在实现思政元素与专业课程整合的过程中，面临着诸多现实难题。首先，如何把握好"度"的问题至关重要。既要避免专业课过度"思政化"，导致专业知识传授被弱化，失去课程原有的专业性和学术性；又要防止思想政治课程过于"通识化"，缺乏理论深度和系统性，难以发挥价值引领作用。

其次，不同学科之间的差异使协同育人整合难度加大。理工科课程注重逻辑推理和实验验证，人文社科类课程强调价值判断和情感体验，艺术类课程则突出审美创造和文化表达。针对不同学科的特点，需要采用不同的整合方式和教学方法，这对教师的跨学科教学能力提出了更高要求。

最后，缺乏统一的课程思政标准和规范，也使各学科在协同育人过程中难以形成合力。目前，课程思政建设仍处于探索阶段，不同学校、不同学科在课程思政的目标定位、内容设计、教学方法等方面存在较大差异，缺乏可推广、可复制的成功经验和模式，制约了课程思政协同育人的整体发展水平。

## 6.3.3 部分高校学科互动平台构建滞后：协同育人载体的结构性梗阻

**1. 线上平台建设的功能性偏航与价值缺位**

智能媒体时代的技术赋能本应为高校协同育人注入新动能，但当前部分高校学科互动平台的建设与应用存在功能性偏差。从平台定位来看，各学科官方网络平台普遍以专业知识传播为核心导向，思想政治教育元素被边缘化处理。例如，多数理工科专业网站将"意识形态"板块设置在页面底部或二级菜单中，内容多为政策文件的简单转载，缺乏与专业课程的深度融合设计。这种"专业为主、思政为辅"的建设思路，导致平台未能形成"知识传授—价值引领"的共生生态，甚至出现"思政栏目点击量不足专业内容1/10"的尴尬局面。

在平台协同性方面，现有网络资源呈现"碎片化"分布状态。思政课的慕课资源与专业课的虚拟仿真实验平台相互独立，未能建立数据互通与功能联动机制。以武汉大学"AI+专业图谱"的成功实践为例，其通过人工智能技术实现了教学、学习、管理、评价的智能融合，但此类创新案例尚未形成普遍范式。多数高校的线上平台仍停留在"信息发布"层面，缺乏利用大数据分析学生思想动态、推送个性化思政内容的能力，导致网络"原住民"群体对平台的黏着度较低。

### 2. 部分高校线下互动机制的组织乏力与实践不足

部分高校线下学科互动的制度性缺失，使得协同育人沦为"纸面共识"。尽管部分高校在政策文件中频繁强调课程思政的重要性，但在实践中，跨学科的协同教学活动仍处于零散化、随意化状态。这种互动机制的不足，导致两类课程在育人目标上难以达成共识。例如，在经管类专业的人才培养方案中，"诚信经营"的价值目标往往由思政课教师单独设定，专业课教师未参与目标分解与路径设计。

实践教学环节的思政载体建设尤为薄弱。部分高校在专业实习、社会实践等活动中，缺乏明确的价值观培育导向。以工科专业的企业实习为例，实习大纲中仅30%提及"职业伦理""安全生产意识"等思政要求，且多为原则性表述，缺乏具体考核指标。文科专业的社会调研则常陷入"数据收集—报告撰写"的技术流程，忽视对

"家国情怀""社会责任感"的深度挖掘。这种重技能、轻思政的实践模式,使部分大学生在真实场景中难以将理论认知转化为价值践行。

### 6.3.4 部分高校学情把握失准:教育供给与大学生需求的动态失衡

**1. 对大学生群体特征的认知滞后与回应乏力**

新时代大学生的群体特征呈现显著变化:主体意识增强、价值取向多元、信息获取方式革新,但部分高校课程思政未能及时完成供给侧结构性改革。在教学理念层面,部分教师仍秉持"知识权威"的姿态,采用"单向灌输+标准答案"的模式,压制学生的个性化表达。例如,在"爱国主义"主题讨论中,教师预设"宏大叙事"框架,忽视学生对"日常生活中的爱国行为"的关注,导致"90后""00后"部分大学生产生思政课脱离现实的认知偏差。

市场经济的一些负面影响加剧了价值观教育的复杂性。功利主义思潮渗透到校园中,部分大学生将专业学习视为"职场晋升的跳板"。调研显示,一些大学生认为"思政课对就业帮助不大",28%的大学生将"获得奖学金"作为参与思政实践活动的主要动机。部分高校未能有效整合专业教育中的价值资源,例如,在计算机专业课程中,未充分挖掘"网络空间安全伦理"等与专业高度相关的思政元素,导致部分大学生难以在代码编写、项目开发中建立"技术向善"的价值认知。

**2. 教育方式的迭代迟缓与评价体系的导向偏差**

部分高校教学方法陈旧是制约其育人实效的关键因素。传统的"课堂讲授+理论考核"模式在信息爆炸时代显得力不从心,尤其是在理工科课程中,思政元素的融入常显生硬。例如,某机械原理课程教师在讲解齿轮传动时,突然插入"两弹一星元勋事迹",因缺乏与专业知识的逻辑衔接，被学生评价为"强行思政"。这种"贴标签式"的融入方式，不仅未能提升育人效果，反而削弱了专业教育的严谨性。

评价体系的"唯知识化"倾向加剧了"知行分离"。当前课程考核普遍存在"三重三轻"现象：重理论知识轻实践能力，重短期记忆轻长期价值，重统一标准轻个体差异。以思政课为例，78%的院校仍采用闭卷笔试作为主要考核方式，试题中"价值观践行案例分析"类题目占比不足20%；专业课的实践考核则普遍缺乏"团队协作""职业道德"等思政指标，导致部分学生将价值观学习视为"额外任务"。

## 6.3.5　部分高校制度设计与执行效能的双重困境

**1. 部分高校协同育人制度的顶层设计缺陷**

部分高校课程思政的制度建设存在"头痛医头、脚痛医脚"的碎片化问题。尽管教育部出台了《高等学校课程思政建设指导纲要》，但部分地方院校在落实过程中缺乏细化方案。例如，某省属高校的《课程思政实施方案》仅有5000余字，对"思政课教师与专业课教师的职责边界""跨学科教学成果认定标准"等关键问题未作明确规定，导致基层教师在实践中"摸着石头过河"。

部分高校制度制定过程的民主参与不足，进一步削弱了制度的科学性与执行力。调研显示，超过一半的高校课程思政制度由教务处、马克思主义学院等少数部门主导，专业课教师参与度不足30%，学生代表参与制定的比例仅为12%。这种"精英决策"模式导致制度脱离教学实际，例如，某高校规定"每门专业课需设计3个以上思政教学案例"，但未考虑不同学科的差异，引发艺术类教师"强行挖掘思政元素"的抱怨。

**2. 部分高校制度执行中的部门壁垒与资源错配**

部分高校制度执行中的"梗阻"现象源于高校科层制结构的内

在缺陷。教务处负责课程管理，马克思主义学院主导思想政治教学，专业院系负责具体实施，三者之间缺乏常态化的沟通机制。例如，某高校在审核专业课程大纲时，教务处要求突出思政目标，而专业院系以会"压缩专业课时"为由推诿。

部分高校资源配置的失衡加剧了制度效能的损耗。有些高校在课程思政建设中存在"重硬件轻软件""重形式轻内涵"的倾向：投入数百万元建设智慧教室，却未开展教师信息技术应用培训；开发 100 余门课程思政示范课程，却未建立资源共享平台。这种资源错配使得"高端设备闲置率超 40%""示范课程观看量不足千人"等现象在一定程度上存在。

### 6.3.6　部分高校的深层矛盾：教育理念、学科壁垒与技术应用的结构性冲突

**1. 工具理性对价值理性的挤压：教育本质的认知偏差**

"工具理性"思维在部分高校教育中根深蒂固，将人才培养简化为"职业技能培训"，导致课程思政被视为"冗余环节"。部分高校管理者认为"专业排名是硬指标，思政建设是软任务"，在经费分配、职称评审等方面向专业学科倾斜。教师层面，41% 的专业课教师将课程思政视为"额外工作量"，仅有 23% 的教师认为"价值引领是专业教育的应有之义"。

**2. 学科壁垒的固化：知识传授与价值引领的断裂**

部分高校学科分化造成的知识体系与价值体系断裂，是课程思政建设的深层障碍。思政课教师与专业课教师分属不同学术共同体，前者擅长理论阐释，后者精于技术解析，两者在话语体系、研究范式上存在显著差异。例如，在哲学专业教师讲解"社会主义核心价值观的理论逻辑"时，理工科教师常认为"过于抽象，缺乏专业关联"；而在工科教师分析"芯片技术突破中的爱国精神"时，思政

课教师可能觉得"深度不足,停留表面"。

### 3. 技术应用的浅层化:智能时代的教育变革困境

信息技术的应用未能触及教育本质,陷入"形式创新替代内涵变革"的误区。高校普遍将"线下课程上网"视为信息化改革的主要内容,却未改变"教师中心"的教学模式。例如,某高校的"慕课思政课程"播放量超百万次,但互动评论区多为"求答案""刷课时"等留言,深层价值讨论不足5%。大数据、人工智能等技术更多被用于教学管理(如课堂签到、作业查重),而非个性化育人(如思想动态预测、价值困惑疏导)。

## 6.4 从课程层面探析新时代大学生培育和践行社会主义核心价值观的路径

### 6.4.1 深挖协同育人机制:挖掘学科内在联系,构建育人共同体

#### 1. 厘清协同育人的核心逻辑与价值定位

在高校课程思政建设体系中,"思想政治"是贯穿思政课程与课程思政协同育人的核心主线。两类课程虽在表现形式、教学内容上存在差异,但在价值引领、立德树人的根本任务上具有内在统一性。当前实践中存在的认知误区在于,将思政课程简单等同于价值引导的单一载体,将课程思政局限为知识传授的补充形式,这种人为的任务割裂导致两者出现功能断层。事实上,思政课程与课程思政是相互依存、协同共生的育人共同体,唯有打破学科壁垒与功能界限,才能构建起立体化的思想政治教育体系,彻底扭转传统思政教育发展不均衡的"跛脚"局面。

## 2. 强化理论建构，夯实协同育人根基

在理论层面，需要系统梳理思政课程与课程思政的逻辑关联，深入挖掘两者在立德树人本质上的一致性。通过提炼马克思主义理论、中国特色社会主义理论体系等思政学科的核心要素，构建起从理论认知到价值内化的完整链条。具体而言，要着重强化专业素养与价值塑造的融合，将理想信念教育有机嵌入专业知识体系，引导学生在掌握专业技能的同时，自觉接受并践行社会主义核心价值观。同时，应完善协同育人的理论框架，明确两类课程在教育目标、教学内容、评价体系等方面的衔接机制，为实践层面的深度融合提供理论支撑。

## 3. 优化课程内容体系，实现互补共生

在课程内容建设方面，应建立思政课程与课程思政的互补机制。对于课程思政而言，需要遵循"专业＋思政"的融合原则，深入挖掘各学科中蕴含的家国情怀、科学精神、职业伦理等思政元素。例如，在理工科课程中融入工匠精神、创新精神，在经管类课程中渗透诚信理念、社会责任，在人文社科课程中强化文化自信、法治意识。同时，思政课程要主动对接专业特色，将不同学科的典型案例、前沿动态转化为教学资源，使抽象的理论知识具象化、生动化。通过双向互动的内容优化，实现两类课程从独立运行到有机衔接的转变，形成价值引领与知识传授相互促进的良性循环。

## 4. 创新教学模式，提升协同育人效能

在教学实践层面，需要构建多元化、立体化的教学模式。专业课教师要牢固树立"课程门门有思政，教师人人讲育人"的理念，在专业知识讲授过程中自然融入价值引导，实现智育与德育的有机统一。例如，通过项目式学习、案例教学等方式，引导学生在解决实际问题的过程中深化价值认知。思政课程则需与时俱进，充分运

用混合式教学、情景模拟、翻转课堂等创新模式，增强教学的吸引力与感染力。同时，要积极探索线上线下融合、多学科交叉联动的教学路径，开发跨学科的主题式课程模块，促进思政课程与课程思政在教学方法、教学资源上的深度协同。

### 6.4.2 创新融入方法体系：推动教学方式的科学化与现代化转型

**1. 明确创新方向，把握改革原则**

社会主义核心价值观融入高校课程思政的成效，在很大程度上取决于教学方法的科学性与创新性。这种创新并非对传统教学方式的全盘否定，而是遵循"守正创新"的原则，在传承优秀教学经验的基础上，借助现代科技手段实现教学方式的迭代升级。具体而言，需要推动教学方法实现三大转变：从基于经验的传统模式向基于数据的科学化模式转变，从单一媒介的平面教学向多媒体融合的立体教学转变，从以教师为中心的单向灌输向以学生为中心的互动教学转变。

**2. 深化信息技术融合，打造智慧育人场景**

在数字化时代背景下，信息技术为课程思政创新提供了重要支撑。通过运用虚拟现实（VR）、增强现实（AR）、人工智能（AI）等前沿技术，可以构建沉浸式、体验式的教学场景，使抽象的价值观教育变得生动可感。例如，利用 VR 技术还原红色革命场景，让学生身临其境地感受革命精神；运用大数据分析学生的思想动态，实现精准化的价值引导。同时，要加强在线课程平台建设，开发精品慕课、微视频等数字化教学资源，构建"线上预习—课堂研讨—线下实践"的混合式教学模式，拓展价值观教育的时空边界。

**3. 拓展网络育人阵地，构建全媒体传播矩阵**

互联网已成为青年大学生获取信息、交流思想的主要渠道，必须主动占领网络育人阵地。一方面,要建设特色鲜明的思政主题网站,开发互动性强的网络课程,打造网络思政教育品牌;另一方面,要善用微博、微信、短视频等新媒体平台,创新话语表达方式,以青年大学生喜闻乐见的形式传播社会主义核心价值观。例如,通过制作动漫短片、发起网络话题讨论、开展线上主题活动等方式,增强社会主义核心价值观教育的吸引力与感染力。同时,要加强网络舆论引导,培养网络思政工作队伍,营造清朗的网络育人环境。

**4. 提升教师能力,夯实创新基础**

教学方法的创新归根结底依赖于教师能力的提升。高校应建立系统的教师培训体系,通过专题研修、工作坊、教学竞赛等多种形式,提升教师运用现代教育技术的能力。同时,要鼓励教师开展教学研究与改革实践,设立专项基金支持课程思政教学创新项目,形成以研促教、以教带研的良性循环。此外,还需要完善教师评价机制,将课程思政教学成效纳入教师考核体系,激发教师参与教学创新的积极性与主动性。

## 6.4.3 完善保障体系:为课程思政建设提供长效支撑

**1. 加强组织领导,健全管理机制**

高校党委要切实履行主体责任,将课程思政建设纳入学校发展规划和年度工作计划。建立由校领导牵头,教务处、马克思主义学院、各教学院系协同联动的工作机制,定期研究解决课程思政建设中的重大问题。同时,要制定课程思政建设实施方案,明确建设目标、重点任务和保障措施,形成统筹推进、分级负责的工作格局。

**2. 优化资源配置,强化条件保障**

加大对课程思政建设的资源投入,设立专项建设经费,用于支持课程开发、师资培训、教学研究等工作。加强教学设施建设,完善智慧教室、虚拟仿真实验室等教学条件。整合校内外资源，建立课程思政教学资源库，实现优质资源共建共享。同时，要加强与企业、社区、红色教育基地等的合作，拓展实践教学基地，为价值观教育提供丰富的实践平台。

**3. 完善评价体系，确保建设实效**

建立科学合理的课程思政评价体系，既要考查教学内容的思想性、教学方法的创新性，也要关注学生的价值认知与行为表现。制定课程思政教学质量标准，将价值引领成效作为重要评价指标；改进评价方式，采用过程性评价与终结性评价相结合、定性评价与定量评价相结合的方法，全面客观地评价课程思政建设成效。同时，要建立评价反馈机制，及时发现问题并加以改进，推动课程思政建设持续优化。

### 6.4.4 强化师资合作：打造思政与专业融合的一体化育人格局

**1. 凝聚全员育人共识，破除单打独斗格局**

当前高校思想政治教育存在思政理论教师"单兵作战"的困境，破解这一难题的核心在于构建全员育人格局。首先，强化思政理论教师与专业教师的合作意识，通过专题培训、政策宣讲等方式，推动全体教师树立"课程思政人人有责"的责任理念。其次，建立常态化的跨学科教研机制，定期组织联合备课、教学研讨活动，促进两类教师在教育目标、教学方法上达成共识。例如，可设立课程思政建设专项工作组，由马克思主义学院与各专业院系负责人共同牵头，统筹推进协同育人工作，形成齐抓共管的良好局面。

**2. 优化分工协作机制，实现优势互补**

基于不同学科特点和教师专长，建立差异化的协同工作模式。

思政理论教师发挥理论优势，负责提炼社会主义核心价值观的理论内涵和育人逻辑；专业教师则立足学科特色，挖掘专业课程中的思政元素，将价值引领自然融入知识传授。例如，在理工科课程中，思政教师可协助专业教师提炼科学精神、创新思维中的价值内核；在人文社科课程中，双方共同开发家国情怀、法治意识等主题的教学案例。通过建立"理论指导＋专业实践"的协作机制，实现思政教育与专业教育的深度融合。

**3. 完善教师发展体系，提升团结育人能力**

构建分层分类的教师培训体系，针对思政课教师和专业课教师开展差异化的能力提升项目。为思政课教师开设专业知识研修班，增强其对不同学科的理解能力；为专业课教师提供思政教育方法论培训，提升其价值引领水平。设立课程思政教学创新团队，鼓励教师跨学科组队开展教学改革，通过团队协作实现知识结构互补和教学经验共享。同时，将育人一体化成效纳入教师考核评价体系，设立专项奖励基金，激发教师参与课程思政建设的积极性。

## 6.4.5 精准价值融入：依据专业特性创新育人路径

**1. 分类挖掘思政元素，凸显学科育人特色**

不同学科专业在社会主义核心价值观培育中具有独特优势和侧重点。哲学社会科学课程应着重培养大学生的理想信念和价值判断能力，通过经典理论学习、社会热点研讨等方式，引导大学生树立正确的世界观、人生观和价值观；自然科学课程需要强化科学精神和创新意识培养，结合学科发展史、科研伦理案例，帮助大学生理解求真务实、开拓进取的价值内涵；工科课程应突出工匠精神培育，通过项目实践、企业实习等环节，培养大学生的职业操守和责任担当；文艺课程则应注重审美素养和文化自信提升，借助艺术作品赏析、创作实践等活动，增强大学生对中华优秀传统文化的认同感。

**2. 创新融入方式方法，增强育人实效**

探索多样化的社会主义核心价值观融入路径，将显性教育与隐性教育相结合。在教学内容设计上，开发主题式、案例式教学模块，将社会主义核心价值观融入专业课程的重点难点问题；在教学方法上，运用情景模拟、小组研讨、项目式学习等方式，引导大学生在实践中深化价值认知。例如，在经管类课程中引入企业社会责任案例，开展模拟经营决策活动；在医学类课程中设置医患沟通情景模拟，培养大学生的人文关怀精神。同时，充分利用现代信息技术，开发虚拟仿真实验、在线开放课程等数字化教学资源，拓展价值观教育的时空维度。

**3. 深化校际校企合作，拓展育人资源**

打破学科壁垒和学校边界，构建开放协同的育人网络。加强校际合作，联合开发跨学科课程思政教学资源，共享优质教学案例和实践基地；深化校企合作，邀请行业专家参与课程设计和教学，将行业规范、职业精神等思政元素融入专业教学。例如，与企业共建实践教学基地，开展"企业导师进课堂""学生进企业实习"等活动，让大学生在真实工作场景中感受社会主义核心价值观的实践要求。同时，鼓励教师开展校际、校企联合教研，共同探索课程思政建设的创新模式。

## 6.4.6　健全保障体系：推动课程思政高质量发展

**1. 优化课程体系设计，强化价值引领功能**

重构高校课程体系，将社会主义核心价值观培育贯穿人才培养全过程。在培养方案的制定中，明确课程思政建设要求，规定每门课程的思政育人目标和内容；在课程设置上，增设跨学科的思政通识课程，开发主题式、项目式的综合实践课程。例如，开设"科技伦理与社会责任""文化传承与创新"等通识课程，设置"乡村振兴实践""社会治理调研"等实践项目，实现知识传授、能力培养与价值引领的有机统一。同时，加强教材建设，组织编写体现专业特色的课程思政示范教材，确保教材内容的思想性和专业性。

**2. 建立科学评价标准，完善质量监控机制**

构建多元化的课程思政评价体系，从教学目标、教学内容、教学方法、育人效果等维度制定评价指标。采用定性与定量相结合的评价方式，既考察教师的教学设计、教学实施情况，也关注大学生的价值认知和行为表现。建立课程思政教学质量督导制度，组建由思政专家、教学督导、学生代表构成的评价团队，定期开展教学检查和效果评估。运用大数据分析技术，建立课程思政教学质量监测平台，实时跟踪教学过程，及时发现问题并反馈改进。同时，将评价结果与教师绩效考核、职称评审挂钩，形成有效的激励约束机制。

**3. 加强组织保障，完善工作机制**

成立由校党委书记和校长任组长的课程思政建设领导小组，统筹协调全校课程思政工作。建立校院两级管理体制，明确各部门职责分工，形成党委统一领导、党政齐抓共管、院系具体落实的工作格局。设立课程思政建设专项经费，用于支持教学改革、师资培训、资源开发等工作。加强制度建设，制定课程思政建设实施方案、教师考核评价办法等文件，为课程思政建设提供制度保障。同时，建立定期督查和通报制度，确保各项工作任务落到实处，推动课程思政建设持续健康发展。

## 6.4.7 坚持正确政治方向：推动课程思政建设的政治引领与科学方法论构建

**1. 筑牢思想根基：坚持马克思主义指导地位不动摇**

马克思主义作为经过历史和实践双重检验的科学理论体系，始终保持着强大的生命力与解释力,是中华民族伟大复兴征程中必须坚守的根本准则。在高校课程思政建设中,强化马克思主义的指导地位不仅是理论要求,更是实践必然,需要以清醒的认识和坚定的态度持续推进。

高校应当将马克思主义理论作为思想根基,全面贯彻中央教学改革政策,推动理论与实践深度融合。具体而言,需要从三个维度进行落实:一是在课程体系设计中,确保马克思主义基本原理、马克思主义中国化理论成果等内容贯穿各学科教学;二是在教师队伍建设上,通过定期开展马克思主义理论专题培训、学术研讨等活动,提升教师运用马克思主义立场、观点和方法开展教学的能力;三是在学生培养过程中,引导学生掌握马克思主义科学思维方法,学会运用辩证唯物主义和历史唯物主义分析解决现实问题,使马克思主义真正内化为大学生的思想自觉。

高校思想政治工作者要深化对马克思主义理论的学习研究,在学懂弄通做实上下功夫,将其融入日常教学、科研和管理工作。特别是在课程思政实践中,应将马克思主义理论与专业知识有机结合,例如,在经济学课程中融入马克思主义政治经济学原理,在理工科课程中渗透马克思主义认识论与方法论,让大学生在专业学习中感悟马克思主义的真理力量。

**2. 坚守办学方向:落实社会主义教育本质要求**

坚持党对高校的全面领导,是确保中国特色社会主义办学方向的根本保障。在新时代背景下,高校思想政治教育承担着塑造青年理想信念、厚植爱国主义情怀、培养社会主义建设者和接班人的重要使命,坚持党的领导具有特殊意义。

在2016年全国高校思想政治工作会议上,习近平总书记提出的"四个坚持不懈":"要坚持不懈传播马克思主义科学理论,抓好马克思主义理论教育,为学生一生成长奠定科学的思想基础。

要坚持不懈培育和弘扬社会主义核心价值观,引导广大师生做社会主义核心价值观的坚定信仰者、积极传播者、模范践行者。要坚持不懈促进高校和谐稳定,培育理性平和的健康心态,加强人文关怀和心理疏导,把高校建设成为安定团结的模范之地。要坚持不懈培育优良校风和学风,使高校发展做到治理有方、管理到位、风清气正。"❶ 高校需要以此为遵循,将社会主义核心价值观融入教育教学全过程,通过课程思政、校园文化建设、社会实践等多元途径,引导大学生深刻认识中国特色社会主义制度优势,坚定"四个自信"。

在课程建设层面,高校应严格审核课程内容与教学目标,确保所有课程符合社会主义办学方向。例如,在教材编写中融入中国特色社会主义建设成就案例,在专业课程中结合行业发展实际,引导大学生树立服务国家战略需求的职业理想;在实践教学环节,组织大学生参与乡村振兴、基层治理等社会实践,让大学生在服务社会中深化对社会主义制度优越性的认识,切实将社会主义办学方向落到实处。

### 3. 践行育人使命:聚焦立德树人根本任务

"围绕学生、关注学生、服务学生"的要求,推动高校构建"大思政"育人格局,从根本上回答了培养什么人、怎样培养人、为谁培养人的问题。

立德树人作为教育的根本任务,在高校课程思政建设中需要体现三个转变:一是从"知识本位"向"价值引领"转变,将思想政治教育贯穿专业课程教学,在知识传授中实现价值塑造;二是从"统一标准"向"因材施教"转变,尊重学生个体差异,针对不同学科、不同专业学生特点,设计差异化的课程思政实施方案;三是

---

❶ 习近平在全国高校思想政治工作会议上强调:把思想政治工作贯穿教育教学全过程 开创我国高等教育事业发展新局面 [N]. 人民日报, 2016-12-09 (01).

从"单向灌输"向"互动赋能"转变，通过案例教学、小组研讨、项目实践等多样化教学方法，激发学生自主思考与价值践行的主动性。

高校应充分发挥思政课程的主渠道作用，同时推动专业课与思政课程同向同行。例如，在理工科课程中强化科学精神与创新意识培养，在人文社科课程中突出家国情怀与法治观念教育，在艺术体育课程中融入审美素养与奋斗精神塑造，构建全员、全过程、全方位育人体系。此外，高校还应完善教师发展机制，通过师德师风建设、教学能力培训、科研项目支持等举措，提升教师立德树人的综合素养，打造一支政治强、情怀深、思维新、视野广、自律严、人格正的高素质教师队伍。

**4. 坚持理论与实践深度融合的育人导向**

（1）强化理论创新与实践指导的双向赋能

理论与实践的辩证统一是推动大学生社会主义核心价值观培育的核心逻辑。理论研究通过揭示社会发展规律和价值塑造机理，为实践活动提供科学指引；实践探索则以鲜活的社会现实为素材，反哺理论体系的完善与创新。在新时代背景下，高校课程思政建设需要突破"重理论轻实践"或"重形式轻实效"的认知误区，构建起理论指导实践、实践升华理论的闭环体系。例如，将马克思主义基本原理与中国特色社会主义建设实践相结合，在专业课程中融入乡村振兴、科技创新等现实案例，使抽象的理论知识转化为可感知、可践行的价值准则。

（2）推进思政课程与实践教学的协同发展

思想政治课程作为价值观教育的主渠道，需要通过实践教学实现理论知识的具象化和行动化。一方面，深化思政课程改革，优化课程内容结构，增强理论阐释的时代性和现实针对性；另一方面，构建多层次实践教学体系，依托重大节庆日、纪念日开展主题教育活动，利用红色教育基地、爱国主义教育基地等资源组织现场教学，结合专业实习、志愿服务等实践环节设计价值践行任务。例如，在寒暑假社会实践中设置"社会主义核心价值观基层行"项目，引导学生在乡村调研、社区服务中深化价值认知，实现从理论学习到躬身实践的跨越。

**5. 构建科学性、针对性、实效性相统一的育人体系**

（1）遵循教育规律，提升育人科学性

科学性是确保社会主义核心价值观教育行稳致远的根基。高校应以教育学、心理学等学科理论为指导，构建符合大学生认知发展规律的课程体系。在课程设计上，遵循从感性认知到理性升华的递进逻辑，将社会主义核心价值观分解为具象化的教育目标和教学内容。例如，针对低年级大学生，以故事化、情境化教学培养基础价值认知；针对高年级大学生，通过学术研讨、课题研究深化价值理性思考。同时，引入大数据分析、教育评估模型等科学方法，对教学效果进行动态监测和反馈优化，确保教育过程的规范性和可持续性。

（2）聚焦个体差异，增强育人针对性

大学生群体呈现出思想活跃、个性鲜明的特点，社会主义核心价值观教育需摒弃"一刀切"模式，实施精准化育人策略。通过建立大学生思想动态调研机制，运用问卷调查、谈心谈话、数据分析等手段，全面掌握大学生的成长背景、价值困惑和发展需求。在此基础上，开发分层分类的课程模块：针对文科类学生增强文化自信和家国情怀教育，针对理工科学生突出科学精神和创新责任培养，针对艺术类学生注重审美情趣和文化传承引导。同时，运用新媒体技术打造个性化学习平台，推送定制化学习资源，实现社会主义核心价值观教育的精准滴灌。

(3) 注重成果转化,保障育人实效性

实效性是检验社会主义核心价值观教育成败的关键标准,应将价值认知转化为稳定的行为习惯和价值追求。在课程目标设定上,明确知识习得、情感认同、行为践履的三维度要求;在教学方法选择上,采用案例教学、角色扮演、项目式学习等参与式教学方法,增强大学生的价值体验;在评价体系构建上,建立过程性评价与结果性评价相结合的考核机制,既考查理论知识掌握程度,更注重观察大学生在日常学习生活中的价值践行表现。例如,通过设立"道德实践积分制",将志愿服务、公益活动等纳入学分体系,推动社会主义核心价值观内化于心、外化于行。

# 第七章 政府层面的价值观分析

## 7.1 从政府层面分析新时代大学生培育和践行社会主义核心价值观现状

### 7.1.1 政府在培育和践行社会主义核心价值观中的主体定位

**1. 准确把握政府的定位**

社会主义核心价值观是当代中国精神文明建设的基石，是国家文化软实力的核心体现，其"国家、社会、公民"三个层面的价值倡导，既需要宏观统筹推进，更需要微观渗透影响，尤其要扎根新时代大学生群体这一担负国家未来建设任务的核心力量。

政府作为构建社会主义核心价值观的责任主体，在价值观培育中具有不可替代的主导地位。一方面，应通过制度设计与资源投入，将社会主义核心价值观融入大学生教育全流程，引导其树立正确的国家观、社会观与个人观；另一方面，社会主义核心价值观也为政府开展大学生思想引导工作提供了明确的价值导向，助力解决新时代大学生面临的理想信念模糊、价值判断多元等现实问题，为高校人才培养筑牢思想根基。

**2. 准确把握政府的作用**

价值观按层次可分为一般价值观与社会主义核心价值观,后者作为全民族共同认可的价值标准,以 12 个词高度凝练国家、社会与公民的价值追求。对政府而言,培育大学生践行社会主义核心价值观绝非单纯的理论宣传,而是要实现"理论—认知—行动"的转化:既要通过政策引导,推动高校将社会主义核心价值观融入课程教学、校园文化与社会实践;也要搭建平台,让大学生在志愿服务、乡村振兴实践、国家发展调研等活动中,切实体会"爱国、敬业、诚信、友善"的内涵,将社会主义核心价值观转化为大学生学业追求、职业选择与社会参与的行动准则,为社会主义事业培养合格建设者和接班人。

## 7.1.2 政府培育和践行社会主义核心价值观的现状研究

社会主义核心价值观是当代中国精神的集中体现,凝结着全体人民共同的价值追求。对新时代大学生而言,社会主义核心价值观不仅是其思想成长的定盘星,更是其人生发展的指南针。政府作为社会治理与人才培养的主导主体,在大学生群体中培育和践行社会主义核心价值观,直接关系到国家未来发展方向与民族复兴进程。深入分析政府工作现状,有助于总结经验、解决问题,推动社会主义核心价值观在大学生群体中落地生根。

**1. 政府培育和践行社会主义核心价值观的积极成效**

*(1) 综合统筹,确立核心价值引领地位*

政府始终将大学生群体作为社会主义核心价值观培育的重点对象,通过顶层设计与部门协同,构建"政府—高校—社会"联动培育体系。

从制度层面来看,将社会主义核心价值观纳入高校思想政治教育工作考核指标,要求高校将其融入人才培养方案。教育部先后出台多项政策,推动社会主义核心价值观进教材、进课堂、进头脑,例如,在思政课改革中,明确要求课程内容须结合社会主义核心价值观内涵,通过案例教学、专题研讨等形式,帮助大学生理解"国家富强"与个人发展的关联、"社会和谐"与校园生活的联系。同时,政府将高校践行社会主义核心价值观的成效纳入学科评估、文明校园评选等工作中,倒逼高校重视社会主义核心价值观教育。

从实践层面来看,政府统筹资源,支持高校开展社会主义核心价值观主题实践活动。例如,共青团中央联合教育部发起"大学生志愿者暑期'三下乡'社会实践活动",引导大学生深入基层,在支教助学、乡村调研中践行"奉献、友善";人力资源和社会保障部门联合高校开展就业观教育,将"敬业""诚信"纳入职业素养培训,帮助大学生树立正确的就业观,避免"躺平""佛系"等消极心态。

(2)广泛宣传,营造大学生认同社会主义核心价值观的浓厚氛围

政府针对大学生的认知特点,创新宣传方式,构建"线上+线下"立体化宣传矩阵,提升社会主义核心价值观的感染力与认同感。

在线上宣传方面,充分利用大学生常用的新媒体平台,打造年轻化的宣传内容。教育部官网、"学习强国"青年板块推出"社会主义核心价值观微课堂"系列短视频,以动画、情景剧等形式解读"24字"的内涵;各地教育部门官方微博、微信发起"我的社会主义核心价值观故事"话题,鼓励大学生分享身边践行社会主义核心价值观的案例,如科研报国的学长、诚信还款的同学等,累计话题阅读量超千万,让社会主义核心价值观贴近大学生生活。

在线下宣传方面,在高校校园及周边场所打造社会主义核心价值观宣传场景。政府支持高校建设社会主义核心价值观主题广场、文化长廊,在宿舍、食堂、教学楼等区域张贴生活化宣传海报;同时,组织"道德模范进校园"活动,邀请扎根基层的大学生村官、见义勇为的青年榜样等走进高校,通过事迹分享传递"爱国、敬业、诚信、友善"的价值力量,在身边榜样的感召下,增强大学生对社

会主义核心价值观的认同感。

**2. 政府培育和践行社会主义核心价值观存在的问题**

（1）宣传针对性不足，部分大学生认知存在"表层化"现象

尽管政府围绕社会主义核心价值观开展了大量宣传，但针对大学生群体的内容设计仍有所欠缺，导致部分大学生对社会主义核心价值观的认知停留在"记诵24字"层面，缺乏深度理解与体系化认知。

从宣传内容上看，部分解读材料过于理论化，未能结合大学生关注的热点问题（如就业压力、学术诚信、网络伦理等）展开。例如，在阐释"诚信"的内涵时，若仅强调传统道德内涵，未关联大学生学术不端、简历造假等现实问题，易让部分大学生觉得社会主义核心价值观与己无关。

通过问卷调查数据可以更清晰地反映这一问题。在针对大学生群体的调查中，仅有21%的大学生完全熟知社会主义核心价值观的具体内容，并且准确说出国家、社会、公民三个层面之间的内在关联；63%的大学生虽然知道社会主义核心价值观体系的存在，但对其内涵的理解仅停留在表面，无法进行深入阐释；还有16%的大学生对社会主义核心价值观体系的内涵尚不清楚，如图7-1所示。这种认知上的差异和不足，不仅影响了社会主义核心价值观在大学生群体中的传播效果，也给全社会形成价值共识带来了挑战。

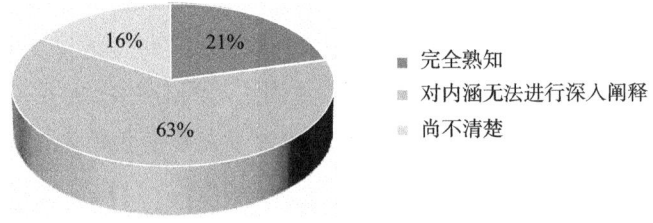

图7-1 大学生对社会主义核心价值观的了解程度

(2) 践行力度欠缺,部分大学生"认知—行动"转化存在断层

问卷调查结果显示,高达98%的大学生认同"社会主义核心价值观凝聚着中国特色社会主义共同理想,是中华民族共同的精神支柱",这表明社会主义核心价值观在大学生群体中已经得到广泛认可。然而,在实际行动中,仅有25%的大学生将社会主义核心价值观作为个人的人生观和价值观,在日常学习、生活和人际交往中完全遵循、自觉践行;38%的大学生坚信社会主义核心价值观将会引领社会新风气,但并未完全践行;但同时也有37%的大学生持消极态度,认为在现实生活中,社会主义核心价值观所起的作用并不是很明显,如图7-2所示。大部分大学生认同社会主义核心价值观的时代价值,认为其对个人成长和社会发展具有指导意义,但在实际行动中,社会主义核心价值观的"落地率"较低,存在"知而不行""行而不恒"的问题。

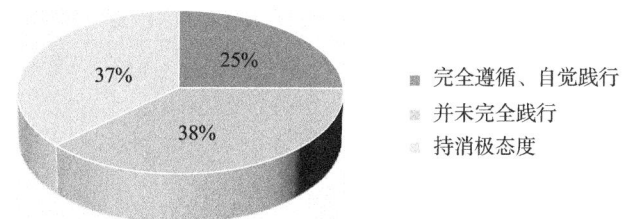

图7-2 大学生对社会主义核心价值观的践行情况

从校园实践来看,政府支持的社会主义核心价值观实践活动多以短期活动为主(如单次志愿服务、主题班会),常态化机制不足。例如,部分高校仅在学雷锋日组织志愿活动,未形成长期的志愿服务体系,导致部分大学生践行社会主义核心价值观的行为缺乏持续性;同时,对大学生践行社会主义核心价值观的正向激励不足,如在评奖评优中,学业成绩的权重远高于践行社会主义核心价值观表现的权重,难以调动大学生践行社会主义核心价值观的积极性。

从社会衔接来看,政府需进一步疏通校园培育—社会实践的衔接渠道。例如,大学生在校园中形成的友善、诚信意识,在进入实

习、就业场景后，若遇到企业加班文化违背敬业本质、职场人情关系冲击平等原则等情况，容易因缺乏相应的引导而使部分大学生产生价值观困惑，甚至放弃践行社会主义核心价值观。

### 3. 新时代社会主义核心价值观培育面临的新挑战

随着经济全球化、社会信息化的深入发展，大学生群体所处的价值环境日益复杂，为政府培育社会主义核心价值观工作带来新的挑战，主要体现在"价值多元冲击"与"成长环境变化"两大方面。

（1）价值多元冲击引发认知冲突

互联网的普及让大学生能够接触到多元价值观，部分错误思潮（如历史虚无主义、极端个人主义）借助短视频、社交平台渗透，对社会主义核心价值观形成冲击。例如，部分自媒体通过解构英雄事迹弱化大学生的爱国情怀，通过传播精致利己主义言论误导大学生忽视集体利益，导致部分大学生出现"爱国是空话""奉献不值得"等错误观念。

（2）成长环境变化增加引导难度

新时代大学生多为"Z世代"，其成长于物质丰富、信息爆炸的环境中，具有更强的自我意识与批判精神，对灌输式教育较为抵触。同时，新冠疫情后大学生面临的就业竞争加剧、社交焦虑增多等现实压力，也让部分大学生将精力集中于生存需求，对社会主义核心价值观等精神层面的追求有所弱化，增加了政府引导的难度。

## 7.2 从政府层面分析新时代大学生培育和践行社会主义核心价值观存在的问题

随着我国精神文明建设的深入推进与全球化进程的加速，新时代大学生培育和践行社会主义核心价值观既迎来了更多资源与机遇，也面临着网络信息多元、社会价值多样等多重挑战。政府作为社会主义核心价值观培育的主导主体，需要直面这些问题，结合大学生群体的思维特点与成长环境，精准剖析症结所在，为后续优化工作提供方向。

### 7.2.1 价值观多元多样冲击，大学生价值认知易出现偏差

随着社会转型与中外交流的深入，社会意识与价值取向日益呈现"多元交织、多样并存"的特征，这种趋势对尚未形成稳定价值判断的大学生群体有一定的影响。价值观多元化主要通过两大维度对大学生产生影响。

一是东西方价值观冲突引发的价值认知偏差。我国社会主义核心价值观以集体主义为核心，倡导"爱国、敬业、诚信、友善"的利他精神；而部分西方国家宣扬的个人主义强调个人利益至上，甚至衍生出极端个人主义思潮。随着全球化交流的频繁，这种价值观冲突通过影视作品、网络文化、留学交流等渠道渗透到大学生群体中。部分大学生受此影响，将个人利益凌驾于集体利益之上，出现精致利己主义倾向。例如，在学业上只为"考研上岸""找到高薪工作"而忽视知识积累的本质，在社会实践中因"无利益回报"而拒绝参与志愿服务，甚至为追求个人目标不惜损害他人利益或集体利益。这种价值取向与社会主义核心价值观倡导的集体主义精神背道而驰，容易导致大学生理想信念淡化，对社会主义核心价值观的认知出现偏差。

二是市场经济体制下部分人的精神迷失。在市场经济的作用下，资本逐利的本质会逐渐渗透到文化、思想领域，催生出拜金主义、功利主义等与社会主义核心价值观相悖的取向。部分大学生受此影响，将金钱、物质作为衡量个人价值的唯一标准，出现"读书只为挣大钱""理想不如现实重要"等错误观念，精神追求逐渐缺失。

对于这些多样多元的价值观，如果不加以合理教育和引导，极

易造成价值理想淡薄，对社会主义核心价值观培育产生了不良的影响。

## 7.2.2 意识形态领域斗争依然存在，部分大学生思想防线易被突破

近年来，我国持续加强大学生意识形态建设，总体保持良好态势，但随着国际格局的变化，西方国家对我国的意识形态渗透愈发隐蔽和激烈，大学生作为接受高等教育、思想活跃的群体，成为其渗透的重点目标，意识形态领域的精神斗争对社会主义核心价值观培育构成了严峻挑战。

首先，部分西方国家有针对性的文化与意识形态渗透。随着我国综合国力的提升，部分西方国家将我国视为战略竞争对手，通过政治、经济、文化等多重手段进行意识形态围堵。例如，一些国家通过电影、流行音乐、网络自媒体等文化产品，向大学生传递西方个人至上、民主优越论等价值观念，试图弱化大学生对我国制度的认同感。部分大学生因缺乏国际视野与政治判断力，易被此类渗透内容误导，对社会主义核心价值观倡导的国家富强、社会和谐产生质疑。

其次，西方后现代主义思潮冲击马克思主义信仰。后现代主义思潮以解构权威、否定真理为核心，试图消解马克思主义的科学性，衍生出历史虚无主义、相对主义等错误思潮。大学生群体求知欲强、乐于接受新思想，但部分大学生对思潮的本质缺乏深入辨析能力，易被历史虚无主义、相对主义误导，进而动摇对马克思主义的信仰，削弱社会主义核心价值观的思想根基。

最后，西方价值论等论调引发部分大学生价值困惑。部分西方国家在国际上大肆宣扬意识形态终结论，将西方价值观包装为人类共同追求，诱导大学生以西方标准评判我国社会发展。例如，部分网络文章将西方所谓的自由平等绝对化；部分境外势力通过校园讲

座、学术交流等渠道,向大学生灌输西方制度更优越的观点。面对这些论调,部分大学生因缺乏系统的理论学习,易陷入价值困惑。

### 7.2.3 网络信息环境复杂多变,大学生价值判断易受干扰

互联网已成为大学生学习、生活的重要载体,但网络环境的开放性、复杂性与监管滞后性,使得各类信息鱼龙混杂,西方意识形态渗透、负面信息扩散等问题频发,增加了政府培育大学生社会主义核心价值观的难度,也容易干扰大学生的价值判断。

首先,网络信息庞杂且渗透隐蔽,部分大学生难辨其真伪。网络环境具有高度包容性,既包含积极健康的内容,也充斥着虚假信息、低俗文化与西方意识形态渗透内容——正如学者所言,网络内容是高雅与低俗、真实与虚假、东方与西方、集体与个人的高度集合体。这些渗透内容往往被包装成生活分享、学术讨论、个性表达等形式,具有极强的欺骗性与迷惑性。部分大学生思想尚未完全成熟,对信息的辨别能力有限,极易被此类内容带偏,导致对社会主义核心价值观的认同感弱化。

其次,碎片化信息主导认知,部分大学生陷入"网络附庸"困境。网络信息以碎片化、娱乐化为主,长期接触易导致大学生形成浅阅读、快思考的认知习惯,难以深入理解社会主义核心价值观的深刻内涵。例如,部分大学生通过短视频碎片化了解社会主义核心价值观,仅记住了24字的表面内容,却无法认识国家层面价值目标与个人成长的关系;同时,过度依赖网络信息还会让大学生逐渐丧失独立思考能力,沦为网络观点的附庸。若网络上出现否定社会主义核心价值观的言论,部分大学生可能因随大流而盲目认同,忽视对内容本质的辨析。

最后,网络监管不足,负面信息加剧大学生价值认知偏差。目前,我国网络信息监管仍存在法律不完善、执行不到位的问题,导致网络违法违规行为滋生迅速且追责困难。有些负面信息对大学生的价值判断造成直接干扰,放大社会浮躁心态,让大学生对诚信、

敬业等产生怀疑；部分自媒体为了博眼球，编造或者夸大高校学术不端、社会不公等虚假案例，削弱了部分大学生对社会公平与主流价值观的信任感。

## 7.3 从政府层面分析新时代大学生培育和践行社会主义核心价值观存在问题的原因

在新时代，政府在推进社会主义核心价值观培育的过程中，大力宣传"四个自信"、加强社会信念教育等，营造了良好的社会氛围。然而，随着国内外形势的急剧变化，大学生群体的社会主义核心价值观培育仍然面临一系列新的问题和困境，其中以下三个方面尤为突出。

### 7.3.1 部分大学生思想认识不到位

近年来，我国社会结构、经济体制发生了深刻变革，在重塑社会利益格局的同时，也对思想文化建设产生了深远影响。随着发展进程推进，部分深层矛盾逐步显现，催生了多元化的社会价值倾向。而多元价值标准的不统一，易导致部分群体价值观念扭曲，滋生不健康社会思潮，对价值观尚在成型期的部分大学生有一定的影响，使其在意识形态领域易出现认知偏差。

首先，对社会主义核心价值观的内涵理解片面化。部分大学生仅知晓社会主义核心价值观的存在，却不熟悉24字的具体内容，对富强、民主、文明、和谐的国家价值目标，自由、平等、公正、法治的社会价值取向，爱国、敬业、诚信、友善的个人价值准则缺乏系统性认知，难以构建完整的价值认知框架。

其次，对社会主义核心价值观理念解读表面化。不少大学生能背诵24字内容，但对每个关键词的深层内涵理解模糊。例如，将敬业简单等同于完成工作任务，忽视职业精神与社会责任感的关联；对公正的认知停留在不偏袒，未能结合社会制度与公共服务形成全面理解，导致价值认知流于形式。

最后,对社会主义核心价值观认同偏差化。受西方多元思潮与网络碎片化信息影响,部分大学生对社会主义核心价值观产生了认知误区:有人认为共同富裕、社会和谐等目标过于理想化,与现实存在差距;有人将平等、公正曲解为绝对平均,忽视了社会发展阶段的客观差异;还有人盲目推崇西方个人主义价值观,偏离了社会主义核心价值观。

### 7.3.2 部分大学生行为取向功利化

在社会转型与经济全球化背景下,国际交流日益频繁,多元价值观念与利益诱惑交织,不仅冲击着社会道德规范,更对大学生的行为选择产生了深刻影响。部分大学生对社会主义核心价值观的归属感弱化,呈现观望态度,在价值实践中趋向功利化,一定程度上制约了社会主义核心价值观的落地生根。

首先,价值追求向物质化倾斜。受拜金主义、个人主义思潮渗透,部分大学生将物质成功作为首要目标,过度关注薪资待遇、就业前景等现实利益,忽视了理想信念与精神追求。例如,在专业选择上,优先考虑热门程度与未来能否取得高薪,而非个人兴趣与社会需求;在校园活动中,更愿意参与能加学分、获证书的功利性活动,对志愿服务、理论学习等缺乏热情。

其次,理想信念向个体化偏移。部分大学生淡化集体意识与共同理想,将个人利益置于优先位置:在日常学习中,仅关注自身成绩提升,对班级建设、校园发展漠不关心;在职业规划中,强调个人发展空间,忽视国家对基层、偏远地区的人才需求,难以将个人理想与社会发展同频共振。

最后,行为实践向工具化异化。少数大学生为追求个人利益,突破道德与规则底线,将社会主义核心价值观视为可有可无的口号。例如,在评奖评优中弄虚作假、抄袭学术成果;在人际交往中奉行实用主义,仅与有利用价值的人建立联系;甚至在就业过程中,通过托关系、走后门等不正当手段,忽视公正与诚信原则,既阻碍其自身健康成长，也破坏校园风气与社会诚信体系。

### 7.3.3 部分大学生价值信仰不坚定

信仰是民族凝聚力的核心、国家发展的精神支撑，而正确的价值信仰需要社会主义核心价值观的引导与滋养。当前，全球化、信息化与价值多元化的叠加，使部分大学生面临复杂的利益诱惑与观念冲击，价值信仰易出现动摇，甚至产生偏差。

首先，外部环境冲击信仰根基。前些年部分官员的腐败行为，如脱离群众、知法犯法、谋求私利等，不仅践踏了社会主义核心价值观，损害了党和国家形象，更对部分大学生的价值信仰造成冲击：部分大学生因看到个别负面案例，对廉洁、公正的价值理念产生怀疑，对马克思主义信仰、中国特色社会主义道路的信心弱化，出现信仰迷茫现象。

其次，多元思潮干扰价值选择。网络空间中，西方资本主义价值观以自由、民主为幌子渗透传播，与我国主流价值观形成碰撞。部分大学生缺乏辨别能力，在个人自由与集体利益、西方制度与中国道路等问题上难以作出正确判断。例如，将个人自由绝对化，忽视社会秩序与公共利益；盲目认同部分西方高校去意识形态化教育模式，对我国高校的思想政治教育产生抵触情绪，甚至沦为西方不良思潮的追随者。

最后，自我认知弱化信仰坚守。部分大学生因缺乏系统的理论学习与社会实践，对社会主义核心价值观的认同停留在被动接受层面，未能内化为自身信仰：在面对学业压力、就业竞争等现实困境时，易受消极情绪影响，怀疑奋斗就能实现价值的信念；在遭遇价值观冲突时，如坚持诚信可能吃亏、追求理想难以立足等，难以坚定立场，甚至放弃主流价值选择，陷入信仰困惑。

## 7.4 从政府层面探析新时代大学生培育和践行社会主义核心价值观的路径

### 7.4.1 以新时代为依托,坚持社会主义核心价值观培育的基本遵循

**1. 以习近平新时代中国特色社会主义思想为指导**

立足新时代,我国的社会生产力和综合国力都有了显著提升,社会主要矛盾也已发生转变。习近平新时代中国特色社会主义思想作为新时代马克思主义思想与时俱进的产物,具有丰富的内涵,全面引领着中国社会向前发展。对于新时代大学生而言,更需不断深入学习贯彻这一思想,在新时代浪潮中解放思想、更新理念,从而推动社会主义核心价值观培育工作全面创新。这一思想不仅是党和人民开展各项事业的理论指引与行动指南,更是对新时代培育社会主义核心价值观基本理念与根本目标的要求。大学生作为国家未来的栋梁,只有以习近平新时代中国特色社会主义思想武装头脑,才能在价值观的塑造上走对方向,更好地融入社会发展,实现自身价值。

**2. 以牢牢掌握社会主义意识形态主导权为着力点**

意识形态作为上层建筑的重要思想体系,既反映了我国社会经济发展形态,也体现了我国的政治制度。马克思指出:"意识形态反映了物质利益关系和社会关系,而物质利益关系和其他社会关系表现为阶级关系,表现为权力制约乃至阶级斗争关系。"❶ 自从改革开

---

❶ 马克思,恩格斯. 马克思恩格斯全集:第二卷[M]. 中共中央 马克思 恩格斯 列宁 斯大林 著作编译局,编译. 北京:人民出版社,2012:410.

放以来，我国非常重视意识形态领域建设，习近平总书记指出，"意识形态领域斗争依然复杂"，要"牢牢掌握意识形态工作领导权"。❶其揭示了意识形态工作的重要地位和总体要求。

在国际形势复杂多变、经济衰退、环境恶化、安全威胁等问题阻碍人类发展的当下，向世界传达中国倡导的价值观念，发挥社会主义核心价值观对人类社会发展的有益影响，提升中国国际话语权显得尤为重要。新时代大学生在培育和践行社会主义核心价值观时，应将重心置于意识形态领域建设，不断端正自身价值观念，以应对西方价值观的冲击，积极传播我国的价值观念与主张。大学生思想活跃、富有创造力，是意识形态传播的重要力量，应在多元文化的碰撞中坚定立场，用正确的价值观去影响和带动身边的人。

### 7.4.2 以理论为先导，夯实社会主义核心价值观的理论基础

**1. 深化社会主义核心价值观的理论研究**

培育社会主义核心价值观要坚持正确科学理论的指引，使社会主义核心价值观在理论和内容上具有说服力和启发性，以适应新时代的发展需要。

对于大学生来说，要继续深入探究马克思主义思想。首先，深入研究马克思经典著作中的基本理论和观点，从整体上理解马克思主义，努力实现"四个分清"，即分清哪些是必须长期坚持的马克思主义基本原理，哪些是需要结合新的实际加以丰富发展的理论判断，哪些是必须破除的对马克思主义的教条式理解，哪些是必须澄清的附加在马克思主义名下的错误观点。其次，正确认识并深入研究马克思主义关于自由、平等、公平和正义的理论，结合时代发展需要作出新的解释和表述，明确马克思主义的立场观点，进一步挖掘和

---

❶ 习近平. 决胜全面建成小康社会，夺取新时代中国特色社会主义伟大胜利[M]//习近平著作选读：第二卷. 北京：人民出版社，2023：8.

整理马克思主义关于现代化、关于人类未来发展的观点,为现实提供更好的理论指导。最后,推动马克思主义中国化理论研究,不断丰富马克思主义的时代内涵。

同时,要推动社会主义核心价值观理论与实践相结合。大学生应在实践中,以长远发展的眼光看待社会主义与资本主义的价值观差异、社会主义与共产主义价值观的关系等,推进理论创新。在实践方面,应运用多种措施提高社会主义核心价值观的宣传力度和扩大宣传范围,积极参与相关研究,提升我国的国际影响力,扭转西方对我国的刻板印象,以正确的价值观与世界各国进行交流。

**2. 坚持社会主义核心价值体系**

在新时代,加强当代大学生培育和践行社会主义核心价值观,关键在于与实际紧密结合,不能脱离社会主义核心价值观,应将二者有机融合,充分发挥社会主义核心价值观的引领作用,凝聚各方力量,共同为全面建成中国特色社会主义强国而努力。

大学生需要把握社会历史发展的演进规律,树立远大理想并为之努力奋斗;应弘扬中国精神,将其与社会主义核心价值观深度融合。在新时代,以改革创新的时代精神推动中国精神的培育与发展,为实现中国梦提供精神指引。"红船精神"、志愿服务精神、劳模精神、工匠精神等不断丰富着中国精神的内涵,大学生应积极学习并传承这些精神。

**3. 坚定中国特色社会主义文化自信**

"文化自信是一个国家、一个民族发展中更基本、更深沉、更持久的力量。"❶ 激发中国特色社会主义文化活力,要发挥文化优势、坚定文化自信,营造倡导社会主义核心价值观的文化氛围。

---

❶ 习近平. 决胜全面建成小康社会,夺取新时代中国特色社会主义伟大胜利[M]//习近平著作选读:第二卷. 北京:人民出版社,2023:19.

第一，推动中华传统文化的创造性转化和创新性发展。大学生要正确认识中华传统文化，坚持"两创"方针，即对传统文化进行创造性转化，体现新时代的文化特色和建设要求；对传统文化进行创新性发展，不断发展和完善优秀传统文化的内涵与意蕴。深入探寻中华优秀传统文化中蕴藏的精神特质，释放优秀传统文化的魅力，结合时代精神，在继承中发展和创新。

第二，以革命文化为重要载体。我国近现代孕育的革命文化具有独特价值，但当前文化虚无主义和历史虚无主义等思潮影响了思想道德建设，一般表现为曲解红色历史、颠覆和诋毁英雄人物、亵渎革命传统等，严重影响了大学生价值观的形成，削弱了其对革命文化的认同感，阻碍了我国文化自信的构建。所以，要引导大学生深入学习与认识革命文化，强化其归属感和认同感，如组织大学生参观革命纪念馆、红色遗址等。

第三，推动社会主义文化创新。随着经济的发展，社会主义文化在国际社会上体现出了发展优势，成为中华民族的精神旗帜。政府应坚持以文化创新为中心，鼓励创作属于时代、属于人民的优秀文艺作品，大学生也可以积极参与文化创作，用自己的作品传播正能量和社会主义核心价值观。

## 7.4.3 以宣传教育为抓手，改进社会主义核心价值观培育的方式方法

### 1. 推动媒体融合发展，建设全媒体

舆论宣传是思想观念、意识形态传播的重要途径。随着社会信息化水平的不断提高，新媒体的影响和作用越来越大，而且我国网民数量庞大，信息传播的主体和受众规模都在不断扩大。在此发展趋势下，在培育社会主义核心价值观的过程中，应加快推动媒体融合发展，充分发挥主流媒体的宣传教育影响力，利用舆论巩固共同思想基础。这对于大学生价值观的塑造同样重要，因为大学生是网

络的主要使用者,更容易受到媒体信息的影响。

例如,甘肃省于2021年制作了社会主义核心价值观系列短片,该短片由甘肃省歌剧院、甘肃省文化馆、甘肃广电总台移动电视频道联合摄制。该短片一经发布,即在社会上产生了较大的反响。

首先,要推动传统媒体和新兴媒体进一步结合。二者之间不是竞争关系,而是相辅相成的关系。既要充分发挥传统媒体,如报纸、期刊等的作用,也要充分发挥新媒体的优势,充分利用互联网,利用微博、微信、电子阅报栏等多种手段,营造舆论强势,传播主旋律,引导大学生产生对美好生活的价值共鸣,培育他们对具体社会道德规范的认同感,增强其辨别力、评判力与选择能力,使网络成为政府培育和践行社会主义核心价值观的新空间、新领域、新途径。

其次,呼吁全行业的媒体宣传社会主义核心价值观,发挥主流媒体的重要引导作用。在这个过程中,一是要注意引导正确的舆论导向,树立正确的价值标准,使大学生形成正确的价值观。二是主流媒体要注意整合资源,做到全方位地掌握信息资讯,占领网络阵地,提升价值影响力。三是要注重宣传的及时性和有效性,提供的信息内容要做到符合客观现实,不浮夸、不造作;对于错误的舆论和谣言要及时予以明确的解释和回应,立场坚定不含糊,强化主流媒体的公信力。

最后,要注重培养和造就一批优秀的全媒体人才,这些人才不仅要业务精湛,更要有坚定且正确的立场,以及长远的战略意识,能够向大学生传递正确的信息和价值观念。

### 2. 更好地发挥隐性传播教育的作用

信息和价值观念的传递方式分为显性传播与隐性传播。显性传播较为直接、广泛,而隐性传播则以间接、隐蔽的方式,潜移默化地影响受众群体。社会主义核心价值观的传播要充分发挥和结合两种传播方式的优势,注重传播的隐性策略,使社会主义核心价值观更加深入人心,与大学生的日常学习生活紧密结合。

首先，优化培育社会主义核心价值观的环境。国家层面，优化社会舆论环境，提高正面舆论的比重、扩大其影响范围，营造良好的社会氛围；学校层面，注重校风、学风建设，开展丰富多彩的党团活动，丰富校园文化，创造舒适高雅的校园环境和人文氛围，为大学生价值观的形成提供良好环境。

其次，社会主义核心价值观的隐性传播策略要落到实处，使其日常化、形象化、具体化、生活化。日常化意味着建立长效机制，保证培育工作的连续性和持续性，广泛传播社会主义核心价值观，从大学生个体抓起；具体化要求根据不同群体的特点采用不同方法，如针对大学生的年龄和心理特点，采用个性化的宣传方式；形象化是指借助艺术手段，以大学生喜闻乐见的形式呈现，使培育过程更加生动；生活化则是将社会主义核心价值观融入日常生活点滴，注重面向基层和大学生群体，强调良好的宿舍文化、班级文化建设。

最后，强调以文化人。文化作为精神力量，能在实践中转化为物质力量，影响人与社会的发展进步。在各类文化产业和文化事业中融入先进价值理念，展现健康向上的精神风貌，通过润物细无声的方式实现对大学生的人文教育和隐性教育。

### 7.4.4 以实践为根本，抓住培育社会主义核心价值观的关键环节

#### 1. 内化共识，加强教育引导

教育对国家发展和社会进步有着基础引导作用，培育和践行社会主义核心价值观也离不开教育的支持，国民教育更是责无旁贷。在新目标和新要求下，必须提高社会主义核心价值观教育的实效性，尤其要关注大学生群体。

首先，应该将社会主义核心价值观融入教育制度当中，发挥社会主义核心价值观对大学生的引领作用，让社会主义核心价值观能经受住大学生现实生活的检验。

其次,通过国家官方权威宣传机构传播相关政策、路线和方针,传递先进的思想文化和价值观念,引导大学生树立社会主义核心价值观;通过各类教育进行指导部署,为大学生的价值观培育提供方向。

最后,各级政府要自觉规范自身行为,提高为人民服务的能力,尤其要注重加强对党员干部社会主义核心价值观的培育,坚定他们的马克思主义信仰,确保将信仰一代又一代地传承下去,为大学生树立榜样。

**2. 外化践行,促进实践养成**

培育社会主义核心价值观的最终目的是促进其在实践中落实,这涉及真理、价值与实践的结合,也是个人行为准则的体现。政府要从细微处入手,引导大学生在日常生活中感悟和践行社会主义核心价值观。

首先,积极开展符合社会主义核心价值观的活动。实践活动有助于大学生理解和认同相关理论,推进道德实践活动的开展。例如,2022年汕头市政府为了弘扬社会主义核心价值观,开展"讲文明 知礼仪"的交流互动活动。汕头市政府根据当时的情况,采用了线上和线下相结合的方式,邀请党员志愿者、巾帼志愿者等开展访谈。此次宣传活动取得了显著效果,进一步深化了人民群众对社会主义核心价值观的认知。

其次,利用好重要节假日。一方面,在宣传节日的同时,也要同社会主义核心价值观相融合,如五四青年节、八一建军节、国家宪法日、国家公祭日等;另一方面,要加强对革命历史文化遗产的保护和合理利用,如革命遗址、革命老区纪念馆、烈士陵园等,弘扬优秀革命传统,组织大学生参观学习,增强他们的历史责任感和使命感。

最后,发挥社会个体的主体作用,加强社会实践。社会主义核心价值观理论与实践教育的目标是培育时代新人,大学生作为重要群体,应发挥个人作用,在实践中实现自我觉醒和成长,促使其将理想付诸实践，落实到具体的行动上，从身边做起，从一言一行做起，体现在日常行为中，坚持学本领、干事业。

### 3. 规范制度，完善法治保障

培育社会主义核心价值观的最终目的是践行社会主义核心价值观，要将其融入生活中的方方面面，而法律制度在这个过程中发挥着重要作用。要使社会主义核心价值观发挥更大的作用，就要将其融入立法、执法、司法、守法等各个环节，这对于规范大学生的行为和价值观同样具有重要意义。

习近平总书记指出："立法、执法、司法都要体现社会主义道德要求，都要把社会主义核心价值观贯穿其中，使社会主义法治成为良法善治。"[1] 立法工作中要不断把握实际情况，体现丰富的价值观念和道德要求；立法过程中要注重对民情的调查和收集，使法律反映民众的意愿，真正使法律体现社会主义核心价值观全面的价值要求。在执法方面，主要是提升对执法主体的要求，首先，执法主体自身要以身作则，要遵纪守法，并且自愿接受法律的监管；其次，要文明执法，将法治的刚性特征与价值观念的柔性相结合，妥善解决社会矛盾，在执法的各个环节中践行社会主义核心价值观，为大学生营造良好的法治环境。在司法方面，主要是推进公正司法，使公正的价值追求体现于司法过程中，增强大学生的法治意识，加强社会诚信建设，完善奖惩机制，营造良好道德氛围，使大学生在法治与德治的氛围中坚定对法治精神的信仰。

---

[1] 习近平．习近平谈治国理政：第二卷［M］．北京：外文出版社，2017：134.

# 第八章 家庭层面的价值观分析

家，作为社会的最小单元，承载着深厚的文化意义和情感价值。它不仅是个人生活的港湾，更是国家的缩影。俗语说，"家是最小国，国是千万家"。一个家庭的风气，直接影响着其成员的品德和行为，而家庭风气的正直与否，又在很大程度上决定了社会风气的走向。家风正，则民心淳朴；民风正，则国家安定。因此，每一个家庭的和谐与幸福，是国家富强、民族昌盛的基础。党的十八大以来，习近平总书记从党和国家事业发展全局和促进人的全面发展出发，就家庭家教家风建设发表了一系列重要讲话，强调要注重家庭、注重家教、注重家风。家庭、家教、家风三者是有机统一、紧密关联的。家庭和睦，社会才能和谐；家教良好，未来才有希望；家风纯正，社风才会充满正能量。深入贯彻落实习近平总书记关于家庭家教家风的重要论述，必须全面把握新时代家庭家教家风建设的目标任务，建设好家庭、涵养好家教、传承好家风。坚持以社会主义核心价值观为统领，引导广大家庭厚植家国情怀。要把爱家和爱国统一起来，把个人梦、家庭梦融入国家梦、民族梦，培育和践行社会主义核心价值观，汇聚起全面建成社会主义现代化强国、实现中华民族伟大复兴中国梦的磅礴力量。大力弘扬以爱国主义为核心的民族精神和以改革创新为核心的时代精神，传承中华优秀传统文化，使社会主义核心价值观成为家庭成员的思想觉悟、道德准则、文明素养和行为规范，把家庭建设成践行社会主义核心价值观的坚强阵地。[1]

《人民日报》于2020年8月19日发布了一篇名为《推动社会主义核心价值观在家庭落地生根》的文章，呼吁将社会主义核心价值观融入家庭教育之中，引发了社会广泛关注，如图8-1所示。

图8-1 《人民日报》相关文章

## 8.1 从家庭层面分析新时代大学生培育和践行社会主义核心价值观现状

### 8.1.1 家庭教育的重要性

弘扬社会主义核心价值观的目标在于使人民群众做到"内化于心、外化于行"，能够在思想上实现对社会主义核心价值观的理解与认同，并能够在现实中指导自身的实践活动。弘扬社会主义核心价

---

[1] 沈跃跃. 推动社会主义核心价值观在家庭落地生根 [J]. 中国人大, 2020 (19)：6-7.

值观的渠道有很多，凡是能对人的价值观产生影响的思想理念、伦理规范、风俗习惯、文学艺术作品、社会制度甚至物态文化都可以成为社会主义核心价值观培育的中介与载体。例如，家庭里父母的言行举止、学校里教师的言传身教、邻里间的乡规民约、文学作品里的善恶美丑、法律制度的保障和制裁等都会起到价值观培育作用，并且各有优势。与学校、社会等其他领域相比，家庭教育具有特殊的比较优势。家庭是孩子成长的第一课堂，父母的言传身教对孩子的影响深远，家庭教育的好坏直接关系到孩子的未来和国家的未来。家庭教育不仅塑造了孩子的个性和行为模式，而且在孩子的心灵深处播下了道德观和价值观的种子，这些种子随着孩子的成长逐渐生根发芽，最终影响孩子的一生。

## 8.1.2 家庭教育的历史性

家庭是社会的基本细胞，是人生的第一所学校。中国源远流长的文化底蕴铸就了我们重家风、重门风的传统，不论时代如何变化，不论生活格局如何改变，我们都要重视家庭建设。中国社会自古以来便是一个以血缘关系为纽带，以氏族、家族为基本划分的组织。在封建社会时期，家族成员之间具有相似的成长环境和教育背景，文化基础相对深厚的家族有一套成熟的家规族教体系，家族成员基本能够严格遵守这些家族礼法，这样的家族能够形成可以传承后世的家风传统。因此，在中国封建社会，不乏同一家族成员从事或致力于相同行业或领域的情况，而且他们具有相似的价值观和处事方式，如北宋时期的"三苏"（即苏洵与苏轼、苏辙父子）在诗词文赋方面都有很大的建树。由此可见，家庭对于个人成长成才具有关键作用。家庭是孩子成长的摇篮，是孩子学习社会规范和价值观的第一站，家庭教育的好坏直接影响到孩子的性格形成和价值观的建立。家庭教育是孩子认识世界、认识社会的起点，是孩子形成正确世界观、人生观、价值观的基石。家庭的教育方式、家庭成员之间的互动模式，以及家庭所倡导的价值观念，都会对孩子产生深远的影响。

改革开放以来,我国的社会结构与经济发展趋势发生了巨大变化,随之而来的对内改革与对外开放的浪潮使人民群众的思想观念发生了不小的改变。这波浪潮是把双刃剑,既为中国带来了国外新潮前卫的思想,也对传统思想造成了冲击。由于家庭伦理、家庭风气、家庭教育的日渐式微,一些新生代儿童与青年的教育出现了问题,一些人直至长大成人以后也无法树立正确的世界观、人生观、价值观,使得很多家庭陷入悔恨与痛苦的泥淖之中。党的十八大以来,我国家庭家教家风建设取得了丰硕成果。习近平总书记指出,"千家万户都好,国家才能好,民族才能好","国家好,民族好,家庭才能好"。❶注重家庭、注重家教、注重家风的理念深入人心,日渐成为全社会的广泛共识;社会主义核心价值观的内容被写进《中华人民共和国宪法》《中华人民共和国民法典》等法律法规;家庭文明建设被列入精神文明建设总体布局,城乡全覆盖的家庭教育指导服务体系建设正在加快推进,家庭家教家风在基层社会治理中发挥的作用愈加显著。家庭是社会的细胞,是传承文化、培育道德的重要场所,家庭教育对于孩子的成长和国家的发展具有不可替代的作用。家庭教育不仅关乎一个家庭的幸福,更关乎一个国家的未来和民族的希望。因此,我们必须重视家庭教育,不断优化家庭环境,提升家庭教育质量,为孩子提供一个健康成长的摇篮,为国家培养出更多有用之才。

## 8.2 从家庭层面分析新时代大学生培育和践行社会主义核心价值观存在的问题

### 8.2.1 社会改革进程中不良价值观的冲击

在近代历史的长河中,我国的家庭结构和风气经历了多次深刻

---

❶ 习近平. 把爱家和爱国统一起来[N]. 人民日报, 2020-03-12 (05).

的变革。这些变革主要源自社会大环境的变迁，包括内源性的政治变化和外来文化的冲击。随着政治、经济、文化和社会风气的演变，中国传统家庭风气也在家庭内部经历了翻天覆地的变化。这些变化不仅体现在家庭成员之间的相互关系上，还体现在家庭价值观和行为准则上。

特别是改革开放以来，中国社会发生了翻天覆地的变化。政治上，民主与法治理念得到了加强；经济上，社会主义市场经济体制的实施带来了新的经济秩序；文化上，百花齐放、百家争鸣的局面促进了思想的多元化；外交上，对外开放的国策使中国与世界的联系更加紧密。这些变化对人们的价值观念产生了深远的影响，家庭风气也随之发生了显著的变化。一方面，家庭风气展现出旺盛的生命力和时代性，家庭成员更加注重个体的发展和自我实现，家庭关系更加平等和开放。另一方面，新的问题也随之产生。例如，在社会主义市场经济体制下，市场主体地位的平等、意志自由的要求以及对个体正当权利和利益的法律保护，都突出了个体在社会中的重要地位，尊重了个体的自我发展，强化了个体的自我意识。这种变化从根本上冲击了传统家长制的家庭伦理，导致了家庭内部关系的重新定位。

然而，在社会上，也有一部分人出现了价值取向上的偏差，作出了错误的价值判断和选择。个人主义、功利主义、享乐主义等不良价值观念开始侵蚀人们的思想，这些问题在家庭生活中也有所体现。家庭成员可能过分注重个体权益而忽视家庭责任，追求物质享受而忽略精神追求，导致亲情关系淡化、缺乏进取精神、社会责任意识淡薄等不良家庭风气。更严重的是，这些问题可能对部分儿童和青少年的价值观产生错误的导向，一些家长过于注重对子女的功利性智力教育，而忽略了具有深远意义的价值观培育和道德品格的培养。这些在当代家风建设中出现的新问题，从根源上看，都是外部社会环境在家庭中的反映。

## 8.2.2 家庭规模和家庭结构的变迁

近年来,我国家庭规模和结构呈现出新的特征:家庭规模总体上趋于小型化;家庭类型以核心家庭为主,家庭结构呈现多样性;流动性家庭成为一种重要的家庭形态。与传统的大家庭结构相比,这些新的家庭规模和结构特征对当代家风的形成产生了显著的影响。

首先,家庭规模的缩小和家庭结构的简化使家庭成员对子女的影响变得更加显著。在我国传统社会中,为了维护几世同堂大家族的稳定,往往会制定较为严苛的家训家规,强调家族整体利益而限制个体的自由发展。相比之下,当代小家庭由于人数较少、成员关系简单,个体在家庭内部享有较大的自由空间。与传统家风相比,现代家庭风气更加宽松活泼,家风也因主要家庭成员的不同价值观念、文化修养、性格气质、职业特点等因素而呈现出多元化的风格。与此同时,小家庭家风的稳定性也相对较低。传统大家庭的家风一般是在几代人的繁衍过程中逐渐形成的较为稳定的家庭传统和习惯,即使其中少数成员出现违背家庭风气的行为,也很难对整个家风产生影响,甚至会受到其他家庭成员的谴责和惩戒。然而,当家庭成员逐渐减少时,家庭对个体行为的约束力减弱,例如,三口之家中的任何一个人品行出现问题,都可能给家庭带来巨大的冲击,甚至导致整个家庭的破裂。即使没有出现重大问题,父母的日常言行也会直接影响子女价值观的形成。

其次,人口流动性的增强削弱了家风的稳定性和延续性。流动人口通常是家庭的主要劳动力,是家庭的中坚力量,他们为了承担家庭经济责任而离开家庭外出务工,但这种做法的代价是对子女教育和对老人赡养的缺失,导致自己的家庭成为"留守家庭"。在这种家庭中,父母长期与子女分离,缺乏情感上的沟通,不易发现子女的真实情感需求和成长过程中出现的问题,从而丧失了教育的契机。留守家庭因家庭结构涣散,家庭成员长期分居异地,难以形成稳定的、共同的家庭生活习惯和行为方式,因此也不易形成明显的家风。

最后,一些独生子女家庭对子女的过度关注,容易引发家庭教育的偏失。在我国,一些独生子女家庭的结构使家长很难像传统家庭教育那样完成其道德伦理训练的任务,家庭对孩子先天行为的影响、纠正、教育功能出现弱化。一些"4—2—1"模式的独生子女家庭以孩子为家庭中心,几位成年人聚焦于孩子身上,对孩子倍加关爱甚至变成溺爱。正因为独生子女的唯一性,使家长一方面对孩子寄予厚望,另一方面又担心孩子受到委屈,从而在家庭教育中束手束脚甚至溺爱,情感支配理智,感性大于理性,培养出一个个"小皇帝""小公主"。虽然"全面二孩""放开三胎"政策实施后情况有所变化,但生育政策有明显的"滞后性",这些政策的可能影响都要随着"二孩""三胎"逐渐长大才能显现出来。对于"独生子女"一代而言,独生子女政策的效应将会长期存在。❶

一项原生家庭对"00 后"大学生生育观的影响调查数据显示,原生家庭对目前的"00 后"大学生的生育观有一定影响,主要表现为:56% 的大学生认为独生子女这一身份对自己的生育观有影响;40% 的大学生认为父母更加幸福这一因素对自己的生育观有影响;28% 的大学生认为家庭有重男轻女的风气对自己的生育观有影响;20% 的大学生认为父母晚婚晚育对自己的生育观有影响,如图 8-3 所示。

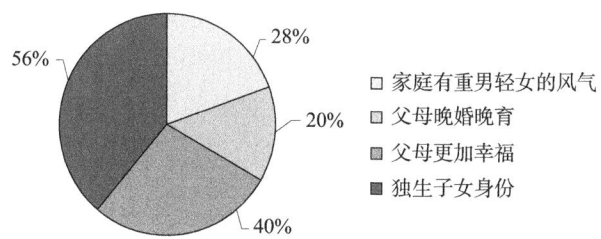

图 8-3 原生家庭对"00 后"大学生生育观的影响调查

---

❶ 李艳华. 家庭养老的内部增能:基于社会工作的分析视角 [J]. 社科纵横, 2018, 33 (9): 60-68.

在现代社会中，家庭结构的不稳定性日益凸显，这直接导致了家风缺乏一个稳固的载体。离婚现象的日益普遍，是造成家庭结构不稳定的一个重要原因，这与我国近年来离婚率升高有着密不可分的联系。家庭是家风得以存在的物质基础，一旦家庭结构破裂，其对小家庭的影响是深远的。随着夫妻关系的终结，父母与子女间的关系也会发生变化。如果离婚处理不当，可能会对子女产生一定的负面影响，导致他们的思想观念出现偏差，变得敏感、脆弱、叛逆。在极端情况下，子女可能会从无视家庭规则发展到无视社会规则，最终走上违法犯罪的道路。这一点已经得到了众多社会学家研究的证实。也有学者提出，如果离婚已成定局，无法避免，那么在离婚过程中保持温和冷静的态度，给予家庭成员更多的理解与接纳，以及父母选择以友好方式离婚，双方尽力承担起作为父母的抚养和教育责任，可以有效减少离婚对子女的负面影响。父母在离婚过程中的处理方式以及离婚后对子女的态度和教育抚养方式，都是决定离婚事件对子女影响的关键因素。然而，无论怎样，离婚都会在一定程度上造成原有家庭环境与教育模式的变化，使得最初原生小家庭的稳固家风难以维系。

### 8.2.3 家庭教育责任意识的变化

家庭教育责任意识，是指父母对自身教育责任的认知，即明确自己有教育子女的责任，并且自觉地承担和履行这种责任。在我国传统社会中，人们对家庭教育提出了明确的要求。诸如"国之本在家"❶ "治国必齐其家"❷ "一室之不治，何以天下为"❸ "治天下观于家"❹ 等思想，都是对家庭教育的肯定。在这样的观念影响下，优秀的传统家风都会强调家长的家庭教育责任，家庭教育成为我国

---

❶ 《孟子·离娄章句上》。
❷ 《礼记·大学》。
❸ 刘蓉《习惯说》。
❹ 周敦颐《周子通书》。

传统社会对个体教育的主要渠道。

然而，随着社会的发展，以学校教育为代表的社会教育越来越多地承担起了教育的功能。与传统社会相比，现代学校无论在数量、规模、结构、体制、专业化程度上都有了巨大的飞跃。除了全日制学校，社会上还出现了大量的非学校类教育和培训机构，这些机构涵盖了从胎教到早教、托儿所、幼儿园、小学、中学、大学、成人教育、老年教育等各个阶段，既有正规的学制内教育，也有课外辅导班、兴趣班、技术培训、岗位培训、考试培训等。这既是社会进步的体现，但也意味着原本属于家庭教育的时间被大量占用。再加上许多年轻的父母忙于工作，乐于将孩子托付给这些教育机构，久而久之，家庭对社会教育的依赖性增强，父母自身的家庭教育责任意识逐渐减弱，认为社会教育机构可以完全胜任对子女的教育。然而，他们忽视了一个事实，那就是社会教育永远无法完全取代家庭教育。原因有以下四点：首先，亲情是无法取代的，任何师生关系都无法真正取代父母与子女之间的情感交流；其次，社会教育的对象众多，难以对每个学生进行深入了解并因材施教；再次，社会教育的内容主要是智力开发、知识教育、技能培训等，尽管学校也承担着思想品德教育和人格培养的责任，但在当前的考试机制下，这些内容还难以与家庭教育相提并论；最后，许多社会教育机构是营利性商业机构，具有较强的功利性，甚至存在缺乏监管、违背教育规律的现象，对学生而言存在较大的教育风险。

### 8.2.4 家庭教育目标的变化

家庭教育目标的设定，决定着家庭教育的整体方向和成效，也是主导一个家庭家风的根本。张岱年和方克立曾指出："中国古代教育是人文主义的教育。它以做人为教育的唯一目的，注重教人以德行与智慧，而不仅仅是单纯的知识。"❶ 这种教育理念同样适用于现

---

❶ 张岱年，方克立. 中国文化概论［M］. 北京：北京师范大学出版社，2004： .

今的中国传统家庭教育,其教育目标是将"成人"置于"成才"之先,将德育放在教育的首位,然后才是知识与技术的教育。

然而,反观当代一些中国家庭,却显示出"重智轻德""重成绩轻品行"的家庭教育倾向,"成才"的目标地位逐渐上升,父母过于关注儿童的学习成绩。这种倾向会带来一系列消极影响,例如,对儿童心理健康、人格养成、道德品行等问题的忽视。这些问题若不妥善处理,会导致家长所关注的"厌学"问题,使儿童缺乏学习动力、迷失学习目的、丧失学习兴趣。因此,家长必须弄清楚"成人"与"成才"的关系,明确家庭教育的根本目标是什么,才能有效解决当前家庭教育中存在的具体问题。

大学生"家庭德育和智育"教育现状调查问卷调查了 300 名大学生,调查结果显示,61% 的大学生认为德育与智育同等重要;23% 的大学生认为德育更重要;10% 的大学生认为相比较而言,智育更重要;6% 的大学生认为两者都不重要,如图 8-4 所示。

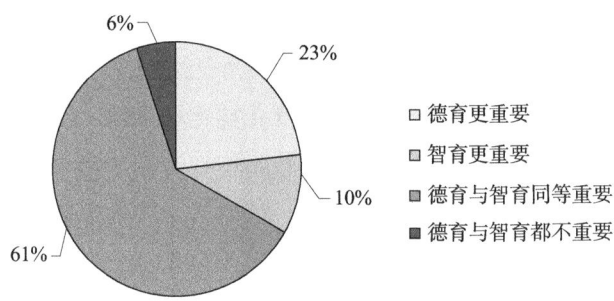

图 8-4 大学生"家庭德育和智育"教育现状调查

## 8.2.5 家庭教育模式和方法的变化

在传统家庭教育模式中,家长通常依赖自身的权威和言传身教来教育子女。这种教育方式往往以严厉为主、慈爱为辅,父母对子女的爱常常隐藏在严格的教育背后。因此,传统家庭的家风往往显得严肃有余而活泼不足,约束有余而放手不足,惩戒有余而鼓励不足。在当今社会民主、平等、自由、开放的社会风气影响下,家庭教育模式也发生了显著变化。家长的权威地位逐渐弱化，子女的自我意识逐渐增强，惩戒式教育受到批判，而激励式教育则受到推崇。现代家长更倾向于通过多种方式直接表达对子女的关爱。在教育子女时，一些父母通常能够做到关爱子女，但更倾向于重视知识技能的培养，而忽视了德行的教育。这种培养模式和方法具体表现为：在学业上对子女有严格的要求，但在道德品行上却放松了要求。许多父母对知识教育缺乏经验，只能通过说教来劝导子女努力学习，有些父母甚至会采取打骂、体罚的方式来逼迫子女学习。这种关注点的转移导致了原本以父母言传身教为主要方式的道德教育被忽视，父母本应作为道德榜样，却变成了学校知识教育的辅助者。

第一，传统家庭教育注重"知行合一"，强调对子女劳动实践的锻炼，但现代一些父母认为只要子女学业成绩好，其他生活问题都可以由父母包办。他们没有意识到实践锻炼是培养孩子自理能力、创造精神、独立品格的重要手段。一味地强调学业成绩，可能导致"高分低能"的现象，即子女虽然学业成绩优秀，但在实际生活中却缺乏自理能力和解决问题的能力。

第二，一些现代父母尽可能地为子女提供优越的物质条件，却忽视了对子女艰苦朴素精神的培养。随着家庭经济收入水平的提高，父母宁愿自己省吃俭用，也要尽量满足子女的物质要求。有些富裕家庭甚至任由子女挥霍享受，这种培养方式只会滋长子女的物欲，消磨其意志，甚至使其迷失人生方向。这种不恰当、不理性的关爱，恰恰是许多家庭教育失败的直接原因。

## 8.2.6 家庭教育与学校教育缺乏有效衔接

学校教育和家庭教育之间应该是互为补充的关系，但在现实生活中，一些家长认为学校教育才是孩子整个教育过程中的重心，教育重心向学校倾斜，从而忽略了学校以外的家庭教育，导致在家庭教育中投入的精力过少或者完全不进行家庭教育。

学校教育主要针对学生的科学文化知识，即智力的提升，而家庭教育则应侧重于孩子的心智成长和德育培养。一些家长将本应自己承担的教育工作全部推给学校，导致子女家庭教育出现空白。要解决这个问题，家长首先必须明确自己的责任和义务。作为子女成长的第一导师，家长陪伴子女成长的全过程，对子女的个性特点最为了解，必须将家庭教育作为日常生活的一部分，进行系统性的规划。

此外，家长与学校间的及时沟通和信息交流也是培养过程的关键环节。尽管随着通信手段的发展，现在学校和家长之间的沟通越来越方便快捷，但沟通内容往往缺乏新意，不能从根本上解决学生在家庭和学校遇到的问题。例如，为了方便家校沟通而建立的各种微信群、QQ群，这些群成为家长和教师之间沟通的主要方式，但逐渐变成了教师布置作业、家长为教师喝彩的"众星捧月群"。这种一对多的沟通方式不能及时发现学生成长过程中遇到的问题，更重要的是会忽略有关德育心智和意志品质方面的培养。

简单来说，应试教育的大背景和家庭教育对学校教育的过分依赖造成了当前教育过分重视文化课成绩，而对学生成长过程中遇到的各种问题重视不足的问题。解决这个问题需要家庭和学校的共同努力，建立合理有效的联系机制，及时沟通学生成长过程中遇到的问题，并加强对学生学习能力以外各方面能力的培养，使其形成良好的习惯，获得良好的家教。

## 8.3 从家庭层面分析新时代大学生培育和践行社会主义核心价值观存在问题的原因

### 8.3.1 个体发展的精神依托

随着改革开放的春风吹遍祖国大地，人们的物质生活水平有了显著的提升，衣、食、住、行等基本的生存需要得到了满足。然而，激烈的市场竞争、良莠不齐的文化环境、有待完善的社会保障等现实问题，使一些人在工作、学习或生活中容易出现紧张、焦虑、忧郁、烦躁、恐慌、憎恨等消极情绪。这些消极情绪如果得不到有效排解和调节，可能会导致一系列心理问题和疾病。家庭是一个人的避风港，良好的家风是调节个人情绪的一剂良药。首先，良好家风有利于个体从小树立正确的价值取向、培养健全的人格、磨砺坚强的意志力，在成长过程中应对复杂的社会环境时能够更好地明辨是非、作出取舍，在遭遇挫折时能够及时调整好心态，积极地面对问题和困境。其次，良好家风有利于个体排解消极情绪。任何一个正常人都会在生活中或多或少地产生消极情绪，当消极情绪产生时，良好的家庭氛围，如夫妻间的扶持、父母的鼓励、亲友的帮助都有助于情绪的调节，使精神得以放松和缓解。最后，良好家风是个体发展的精神动力和支持。良好家风不仅强调培育个体自身的心理素质和道德品格修为，还会注重培养个体强烈的家庭责任和社会责任意识。责任感会强化一个人的自我存在价值，意识到自己对家庭、对社会的意义，这样才会形成不断努力、百折不挠的不竭动力和精神支柱。

## 8.3.2　家庭幸福的不竭源泉

在当今社会，分工日益复杂，人们将越来越多的时间投入家庭以外的工作和社会交往中，但家庭关系仍然是个体主要的伦理关系。和睦的家庭关系是家庭幸福的重要指标，良好家风能够促使家庭关系融洽。首先，良好家风可以增强家庭成员间的凝聚力，为实现共同的价值目标而一起努力，在奋斗的过程中相互扶持和鼓励，促进家庭成员间的情感交流，提升家庭的幸福感。其次，良好家风可以帮助家庭成员协调好物质和精神生活的关系，其一般都更加注重家庭的精神生活，培养家庭成员的道德品格，使其树立正确的人生理想和追求，可以弥补经济因素对家庭带来的负面影响，具备良好家风的家庭即使在物质生活比较匮乏的情况下，也可能具有较强的幸福感。最后，良好家风可以提升家庭对风险的抵御能力，家庭成员在家庭遇到困难和挫折时能够团结一致、共同面对和解决困难,《袁氏世范》中说:"父母见诸子中有独贫者,往往念之,常加怜恤,饮食衣服之分或有所偏私,子之富者或有所献,则转以与之。此乃父母均一之心。而子之富者或以为怨,此殆未之思也。若使我贫,父母必移此心于我矣。"良好家风可以弥补社会保障的缺失,在风险来临时不是怨天尤人,而是在家庭内部实现平衡和互助,从而降低风险对家庭的破坏程度,尽可能地提高家庭的幸福指数。

## 8.3.3 社会和谐的重要保障

构建社会主义和谐社会是中国共产党在中国特色社会主义建设中提出的宏观战略任务,"大同社会"也是中华民族几千年来所向往的理想生活状态。和谐社会需要经济、政治、文化、社会、生态文明等全方位的建设,家庭虽然只是社会微观子系统中的一个细小环节,却在人类生活中扮演着重要角色,是社会成员生活的主要场所。家庭环境和家庭风气直接影响着个体的生活状态,从而关系到整个社会的和谐稳定,"小家庭"和谐是"大社会"和谐的题中应有之义和必然要求。

首先,良好家风的建设是个体自我和谐的重要保障。自我和谐主要是指人自身的和谐,它是个体对自我的正确认识和评价以及个体对自我发展的期望和目标之间的平衡。正确的自我认识与自我期望之间保持合理的差距是自我和谐的理想状态;如果自我认识与期望之间差距过大,则可能出现失望、忧虑、焦躁等不良情绪;如果差距过小,则可能出现自满、懈怠的情绪。良好家风有利于个体对自己作出正确的评价,由于长期共同生活,家庭成员之间对彼此有着较深的了解,通过平时的日常交流,提出的合理意见和建议都有助于个体加深对自己的认识,正所谓"当局者迷,旁观者清",家庭成员间的评价可能更为准确和客观。

其次,良好家风的建设是家庭内部和谐的前提。家庭内部和谐是指家庭成员间关系融洽、团结和睦。家庭和谐的前提是对家庭共同体的认同,这种认同除了是基于血缘的认同,更重要的是对家庭群体所信奉的价值观念的认同。良好家风的基本特征之一就是家庭群体有着相近的价值观念,如勤俭持家、乐于助人、尊老爱幼等,如果某个家庭成员在价值观上与此严重背离,则在家庭内部就很容易出现不和谐的声音。

最后,良好家风建设为家庭外的人际关系和谐创造了条件。个体的人总是生活在社会大环境中的,除了家庭关系,还有小家庭外的其他亲属关系、邻里关系、同学关系、师生关系、朋友关系、同事关系以及与陌生人之间形成的偶然的交往关系等,这些人际关系处理得恰当与否都会影响整个社会的和谐。良好的人际关系主要取决于一个人的道德品格、性格和行为方式,其中道德品格是根本,一个本性善良、乐于助人、诚实守信、宽容友善的人在人际交往中总是会受到他人的欢迎和喜爱。性格和行为方式是人际交往的"催化剂",一般而言,性格外向的人更容易与人交往,但如果性格外向却没有良好的道德品格,反而会使人际关系恶化。因此,道德品格和性格都会影响人与人之间的交往。而家庭是一个人道德品格和性格养成的重要场所,良好家风会在日常生活中对个体品行进行熏陶和感染,不仅在家庭内部表现出和谐的氛围,在家庭以外也会形成良好的人际关系。

## 8.4 从家庭层面探析新时代大学生培育和践行社会主义核心价值观的路径

### 8.4.1 突出家庭教育,创造良好氛围

家庭作为社会有机体的组成细胞,是社会道德伦理建设的重要参与者,只有每一个细胞都保持良好的活力,整个社会有机体才能展现出生机。因此,应该将家庭教育作为传播社会主义核心价值观的基础,将家长作为形成良好家风家教的传承主体,孩子的教育起

点是家庭，其对子女行为发展、道德品质的影响没有任何一个社会、学校可以与之比拟。如果把家庭比作土壤，那么良好的家庭氛围就是空气和养分，土壤只有不断注入新鲜的空气和养分才会变得肥沃。因此，在家庭里渗透社会主义核心价值观教育，必须注重营造良好的家庭氛围。

例如，沂水县的一对夫妇都是单位的中层骨干，结婚以来，夫妻二人相互尊重、相互理解、相互支持、互相关心，日子过得红红火火，家庭其乐融融。2016年，他们的家庭被评为山东省首届"省级文明家庭"。尽管二人工作繁忙，但夫妻间一直相互帮助、相互鼓励，争着分担家务活。每逢周末，他们都会带孩子回家看爷爷奶奶，为老人做饭、洗衣服，儿子女儿唱歌跳舞弹琴逗老人开心。在孩子的教育方面，这对夫妇轻说教、重引导，锻炼孩子思考问题和独立生活的能力，儿子成绩优秀，女儿活泼开朗、多才多艺。这一家人十几年如一日，用生活和工作中平平凡凡的小事、点点滴滴的真情诠释了家作为爱的港湾的真谛，赢得了大家的交口称赞。

父母作为子女的第一任老师，他们的每一句话、每一个动作，甚至那些没有明确表达出来的内心想法，都会在无形之中潜移默化地影响孩子。在孩子还未形成自己的世界观、人生观和价值观时，他们对于外界事物缺乏独立的判断能力，日常生活中的行为举止往往都是对那些与他们接触最为密切、最为频繁的大人的模仿。家长的眼神、话语、动作，都会直接影响孩子的思维和行为。传统的家庭教育，实质上就是家风的传承，通过血缘关系，家风得以一代代地传递下去，并且通过每一代人的具体行为来实现身教的功能。

具体而言，家长应该与子女共同面对生活中的风风雨雨，尊重子女的人格和想法，多倾听子女的声音。在子女的成长过程中，家长应该以平等的姿态与其相处和交流，从而建立起良好的亲子关系。对于子女来说，父母既是良师也是益友，既是榜样也是知己，家长应该与子女一起学习、一起成长。家长与子女之间积极而充分的沟通是形成良好家庭关系的关键，家长应该多抽时间陪伴子女，做他们喜欢的事情，了解他们在学校的生活，使子女愿意主动与家长交流他们的思想，这样有助于帮助子女培育独立精神。家长要规范自己的言行，通过言传身教，将社会主义核心价值观融入家庭教育中，从小事做起，为子女树立良好的学习榜样。例如，在图书馆阅览室，有些家长一边给孩子喂食物，一边陪同孩子阅读。在尚未形成成熟价值观的孩子眼中，家长的这种做法是正确的，长大后，孩子可能会认为在图书馆边吃东西边读书并无不当，而这种做法当然会对孩子的成长造成不良影响。

### 8.4.2 抓好家长教育，建设和谐家庭关系

家庭是孩子人生的第一个课堂，父母是孩子的第一任老师。常言道，"有什么样的父母就有什么样的孩子"，家长在家庭成员的成长和发展中扮演着至关重要的角色。因此，要想增强家庭教育的积极效果，必须重视对家庭中家长的教育，重视发挥家长的基础性作用。可以通过建立家长学校、家长教育机构等，对家长进行系统的家庭教育知识培训，或开展公益的"家长—专家"交流会，针对共性的家庭教育问题为家长提供适当的解决办法。同时，家长要注意自己的言谈举止，并在家庭教育中采用科学合理的教育方法，尊重子女的意见，注重与子女之间的交流和沟通。要教育家长正确认识家风家教传统，既要认识到其局限性，也要看到它的价值，注重发掘和转化传统文化中的先进、优秀思想观念，根据现代生活的特点，丰富创新家风教育内容，重点培育与现代社会发展相符的公民道德，平稳地向现代家庭教育过渡，将中华优秀传统文化的思想精髓融入家庭教育中。

### 8.4.3 传承优良家风，陶冶道德情操

要通过道德来引导民众，通过教化来逐渐影响民众。家庭成员特别是家长的言谈举止都会影响子女的行为，成为他们成长的风向标。通常情况下，学习型家庭的子女喜欢读书，勤劳型家庭的子女

热爱劳动,和谐型家庭的子女注重礼貌,民主型家庭的子女懂得尊重。不同的家风都会在子女的意识中留下深刻的印记,影响他们性格、品质、价值观的形成。

例如,沂水县的一对夫妇为了使儿女能够更加健康地成长,一方面努力提高自身素质和品位,另一方面言传身教,为儿女做榜样。夫妻二人在物质生活方面不摆阔气,不慕新潮,坚持节约,拒绝浪费。在他们夫妻二人的教育和影响下,孩子们也养成了勤俭节约的好习惯。自结婚起,二人与公婆共同生活,对老人尊敬、孝顺,不仅在生活上予以照顾,家中大事小事也征询他们的意见。公婆同样非常支持儿女的工作,这对夫妇由于经常加班,疏于对孩子的照顾,公婆就把家里照顾得无微不至,免去了二人的后顾之忧,婆婆还被评为"沂水县好婆婆"。在他们的言传身教下,孩子们也礼貌懂事、敬老尊长。家和方能万事兴,这一家人深谙此理。多年来,他们严于律己、宽以待人、以德治家,谱写了一曲文明、健康的动人乐章。

# 参考文献

[1] 习近平激励新时代青年在中国式现代化建设中挺膺担当[J]. 求是，2025(9)：4-6.

[2] 习近平. 把培育和弘扬社会主义核心价值观作为凝魂聚气强基固本的基础工程[N]. 人民日报，2014-02-26(01).

[3] 刘建军，任超阳. 社会主义核心价值观的广义与狭义[N]. 光明日报，2014-06-16(04).

[4] 积极培育和践行社会主义核心价值观的若干问题：访清华大学高校德育研究中心副主任吴潜涛教授[J]. 思想理论教育导刊，2014(11)：9-15.

[5] 戴木才. 培育社会主义核心价值观的"活水源头"[N]. 光明日报，2014-07-27(06).

[6] 孙杰. 当代中国社会主义核心价值观研究[D]. 北京：中共中央党校，2012.

[7] 许华娣. 新时代大学生社会主义核心价值观认同教育研究[J]. 智库时代，2020(10)：115-116.

[8] 左殿升，冯锡童. 新时代大学生社会主义核心价值观认知认同实证研究：以全国30所高校为例[J]. 思想教育研究，2019(3)：70-74.

[9] 莫秋玲. 新媒体时代大学生核心价值观认同引导对策[J]. 社会科学家，2017(2)：129-132.

[10] 卞成林. 新时代传承红色基因坚定文化自信的思考[J]. 中国高等教育，2020(8)：21-23.

[11] 袁秀. 红色文化与社会主义核心价值观的同向性思考[J]. 治理现代化研究，2019(5)：71-78.

[12] 韩震，王临霞. 以社会主义核心价值观培育时代新人的历史演进与现实路径[J]. 东北师大学报（哲学社会科学版），2019(3)：27-33.

[13] 戴木才.培养担当民族复兴大任的时代新人:党的十九大报告关于社会主义核心价值观的重要论述[J].道德与文明,2017(6):5-7.

[14] 吴潜涛.社会主义核心价值观教育:立德树人的必由之路[N].北京日报,2014-01-13(06).

[15] 张志刚.培育和践行社会主义核心价值观有效路径探析:以中小学为例[J].集美大学学报,2014,15(2):79-82.

[16] 徐园媛,谭自慧,罗二鹏.大学生社会主义核心价值观教育创新模式构建[M].成都:西南交通大学出版社,2014.

[17] 列宁全集:第十四卷[M].中共中央 马克思 恩格斯 列宁 斯大林 著作编译局,编译.北京:人民出版社,1988.

[18] 习近平.坚定文化自信,建设社会主义文化强国:学习《习近平关于社会主义文化建设论述摘编》[N].人民日报,2017-10-16(07).

[19] 习近平.在全国党校工作会议上的讲话[J].求是,2016(9):1-6.

[20] 习近平.习近平著作选读:第一卷[M].北京:人民出版社,2023.

[21] 马克思,恩格斯.马克思恩格斯全集:第一卷[M].中共中央 马克思 恩格斯 列宁 斯大林 著作编译局,编译.北京:人民出版社,1956.

[22] 习近平.在北京大学师生座谈会上的讲话[N].人民日报,2018-05-03(02).

[23] 习近平在全国高校思想政治工作会议上强调:把思想政治工作贯穿教育教学全过程 开创我国高等教育事业发展新局面[N].人民日报,2016-12-09(01).

[24] 习近平.坚持中国特色社会主义教育发展道路 培养德智体美劳全面发展的社会主义建设者和接班人[N].人民日报,2018-09-11(01).

[25] 习近平.加快建设教育强国 为中华民族伟大复兴提供有力支撑[N].人民日报,2023-05-30(01).

[26] 习近平.培养德智体美劳全面发展的社会主义建设者和接班人[J].求是,2024(17):4-10.

[27] 习近平:做党和人民满意的好老师 同北京师范大学师生代表座谈时的讲话[EB/OL].(2014-09-10)[2024-12-15].www.gov.cn/xinwen/2014-09/10/content_2747765.htm.

[28] 习近平.用新时代中国特色社会主义思想铸魂育人 贯彻党的教育方针落实立德树人根本任务[N].2019-03-19(01).

[29] 刘建军．如何看待"信仰危机"［N］．中国教育报，2012-11-30（05）．

[30] 王永友，宋斌论．论自媒体时代的意识形态传播［J］．重庆邮电大学学报（社会科学版），2016，28（1）：66-71．

[31] 托克维尔．论美国的民主［M］．冯克利，译．北京：生活·读书·新知三联书店，2005．

[32] 马克思，恩格斯．马克思恩格斯全集：第二卷［M］．中共中央 马克思 恩格斯 列宁 斯大林 著作编译局，编译．北京：人民出版社，2012．

[33] 习近平．习近平著作选读：第二卷［M］．北京：人民出版社，2023．

[34] 中共中央文献研究室．十六大以来重要文献选编［M］．北京：中央文献出版社，2011．

[35] 习近平．习近平谈治国理政：第二卷［M］．北京：外文出版社，2017．

[36] 沈跃跃．推动社会主义核心价值观在家庭落地生根［J］．中国人大，2020（19）：6-7．

[37] 习近平．把爱家和爱国统一起来［N］．人民日报，2020-03-12（05）．

[38] 李艳华．家庭养老的内部增能：基于社会工作的分析视角［J］．社科纵横，2018，33（9）：60-68．

[39] 习近平出席全国教育大会并发表重要讲话［EB/OL］．（2018-09-10）［2024-12-15］．www.gov.cn/xinwen/2018-09/10/content_5320835.htm.

[40] 杨晓慧．中外大学生价值观教育调查与比较［J］．教育研究，2022（3）：97-109．

[41] 张三元．中国式现代化视域下人的现代化［J］．思想理论教育，2023（8）：11-18．

[42] 齐承水．中国式现代化的内在根据：基于生产方式的创新发展分析［J］．科学社会主义，2023（5）：21-29．

[43] 张林．新质生产力与中国式现代化的动力［J］．经济学家，2024（3）：17-26．

[44] 习近平．中国式现代化是中国共产党领导的社会主义现代化［J］．求是，2023（11）：1-7．

[45] 杨耕．关于马克思价值理论的再思考［J］．江汉论坛，2018（11）：48-49．

[46] 李火林．论人的自我价值与社会价值［J］．青海会科学，1998（6）：77-81．

[47] 吴向东．论价值观的形成与选择［J］．哲学研究，2008（5）：22－28，57.

[48] 习近平．论党的青年工作［M］．北京：中央文献出版社，2022.

[49] 英格尔斯，等．人的现代化［M］．殷陆君，译．成都：四川人民出版社，1985.

[50] 布莱克．比较现代化［M］．杨豫，陈祖洲，译．上海：上海译文出版社，1996.

[51] 马克思，恩格斯．马克思恩格斯全集：第三卷［M］．中共中央 马克思 恩格斯 列宁 斯大林 著作编译局，编译．北京：人民出版社，1960.

[52] 习近平．习近平谈治国理政：第一卷［M］．北京：外文出版社，2018.

[53] 习近平．习近平谈治国理政：第二卷［M］．北京：外文出版社，2017.

[54] 马克思，恩格斯．马克思恩格斯文集：第一卷［M］．中共中央 马克思 恩格斯 列宁 斯大林 著作编译局，编译．北京：人民出版社，2009.

[55] 丁祯彦，朱贻庭，等．大学生人生价值观述要［M］．上海：华东师范大学出版社，1991.

[56] 李德顺．价值论［M］．北京：中国人民大学出版社，2007.

[57] 陈章龙，周莉．价值观研究［M］．南京：南京师范大学出版社，2004.

[58] 陈大文，魏楚涵．社会主义核心价值观融入日常生活过程论［J］．思想理论教育导刊，2025（4）：114－121.

[59] 张丽．推进社会主义核心价值观教育大中小学一体化的关键问题探析［J］．思想理论教育导刊，2025（4）：122－128.

[60] 侯玉环．论社会主义核心价值观认同的数字生活向度［J］．学习与实践，2025（4）：13－20.

[61] 李楠，李雨霏．中华优秀传统文化涵养社会主义核心价值观的路径研究［J］．中州学刊，2025（4）：25－32.

[62] 潘一坡．社会主义核心价值观与中国式现代化的价值引领［J］．思想理论教育，2024（11）：57－62.

[63] 邓国峰，邓纯东．社会主义核心价值观网络传播的话语认同探析［J］．思想理论教育导刊，2024（10）：75－82.

[64] 牟子元，李雨霏．"第二个结合"视域下青少年社会主义核心价值观涵养路径探究［J］．人民教育，2024（20）：45－48.

[65] 王学丽，郑敬斌．重大活动培育社会主义核心价值观的独特优势、运行机

理与实践进路［J］. 学校党建与思想教育, 2024（19）: 31-35, 40.

［66］丁小青, 周桂芹. 新时代大学生社会主义核心价值观知行转化机理及其促进策略［J］. 学校党建与思想教育, 2024（16）: 95-98.

［67］郑敬斌. 社会主义核心价值观融入社会治理的机制探赜［J］. 思想文化建设与传, 2021（2）: 163-176.